EXPLICATION NOUVELLE
DE L'APOTHEOSE
D'HOMERE,

REPRESENTE'E

SUR UN MARBRE ANCIEN;

DE L'USAGE

DU TREPIED

DE DELPHES;

ET

DE L'EMPLOI

DES ENGASTRIMYTHES.

Par Mr. SCHOTT,

Conseiller, Bibliothecaire & Antiquaire de S. M. le Roi de PRUSSE.

A AMSTERDAM,

Chez JEAN BOOM, MDCCXIV.

TABLE

DES

ARTICLES ET SECTIONS.

* 2　　　　V. *Eclair-*

TABLE.

FIN DE LA TABLE.

Lapis in Marinensi Columnensium Principum ditione erutus Homeri Apotheosin repræsentans.

EXPLICATION NOUVELLE
DE L'APOTHEOSE
D'HOMERE.

A MONSIEUR
DE LA CROZE,

Bibliothecaire du Roi de Prusse.

MONSIEUR.

IL y a quelque temps que je vous difois, par occafion, qu'on n'avoit pas encore bien expliqué un Monument ancien qui fut trouvé aux environs de Rome le fiécle paffé, & qui repréfente l'Apothéofe d'Homere. Vous en parûtes furpris, & avec raifon ; car qui croiroit qu'il fût poffible d'ajoûter quelque chofe à ce que tant d'Illuftres Savans ont publié là-deffus? Mais pour vous faire voir que je n'ai point avancé une propofition fi hardie, fans y avoir penfé ; j'ai crû devoir mettre fur le papier mes raifons & mes conjectures. Je l'ai fait auffi fuccinctement qu'il m'a été poffible, fans y rien mêler que de neceffaire & avec tous les égards dûs aux Perfonnes Illuftres avec qui j'aurai à faire. Vous en jugerez, s'il vous plaît, fuivant votre fincerité ordinaire , pour donner enfuite votre fuffrage à celui que vous trouverez le mieux fondé.

Il ne fera pas neceſſaire de vous inſtruire de l'endroit
où ce Monument ſe trouve , ni des Perſonnes qui ſe
font donné la peine de l'expliquer. Vous ſavez qu'il fait
un des principaux ornemens du Palais des Princes
Colonna à Rome, où les Voyageurs curieux & ſavans ne
manquent pas de l'aller voir. Vous n'ignorez pas, non
plus, qu'outre le celebre Kircher, qui le publia le premier dans ſon *Latium*; l'Illuſtre Mr. Cuper en a com-
poſé un [a] Ouvrage entier, où il rend compte, en particulier, des ſentimens de feu Mr. le Baron de Spanheim, & de Nicolas Heinſius ſur les endroits les plus
embarraſſans de ce Marbre; & que d'ailleurs le celebre
Gronovius n'a pas manqué de l'inſerer dans ſon [b] *The-*
ſaurus Antiquitatum Græcarum. L'Explication ſuccinc-
te qu'en donna le Docte [c] Wetſtein vous eſt connuë auſſi,
car je ne doute pas que vous ne l'ayiez apriſe par le ſavant
Mr. Fabricius qui en fait mention dans ſa [d] Bibliotheque Grecque. Je joins le Deſſein de ce Marbre, tel
qu'il a été déja publié, ſans y faire le moindre changement. Mais comme le ſavant Abbé Fabretti, l'ayant
examiné de nouveau, trouva que dans le Deſſein publié par le P. Kircher il y avoit des corrections con-
ſiderables à faire, dont il rendit compte dans une Lettre au Docte Magliabechi à Florence, afin que celui-
ci les communiquât à Mr. Cuper, qui travailloit alors
à ſon Commentaire; j'ai crû devoir mettre ici une copie de cette Lettre, telle que Mr. Cuper l'a inſerée
dans ſon [e] Ouvrage.

[a] *Apotheoſis Homeri &c. Ed. Amſt.* 1683.

[b] *Tom. II. Tab. XXI.*

[c] *In Diſſert. de Fato Scriptorum Homeri* §. 5.

[d] *Tom. I. p.* 153.

[e] *Apoth. &c. p.* 194.

SECTION PREMIERE.
Deſſein du Marbre corrigé.

INtegrum Homericæ Apotheoſis argumentum huic Lapidi conſignatum habes apud Kircherium in ſuo Latio; cujus explicationem ut examinare non vacat, ita in re non parvi momenti incuriam incidenter ſupplere in Homeri laudem, & veritatis aſſertionem, ac etiam ut V. C. Gisberto Cupero in eandem expoſitionem inſudanti ſuppetias pro noſtra tenuitate feramus, perneceſſarium duco. Quamobrem totam Homeri ſedentis imaginem hic repeto, quam Tab. III. alteri Bellorii ſociam dedi. Hanc itaque, quam ex autographo in ædibus Columnenſibus Illuſtriſſimus D. Marcellus Severolius ſemel & iterum mecum recognovit (ut eundem ob ingenii præſtantiam & amœniorum ſtudiorum ſocietatem in examen omnium mearum cogitationum adhibere ſoleo), hanc, inquam, ſi cum Kircheriana conferas, in pluribus eam emendandam eſſe patebit. Et primò, ſub priori muliebri figura nos rupto marmore ΚΟΤΜΕΝΗ, eoque ſuppleto ΟΙΚΟΤΜΕΝΗ, Terram Matrem, Cybelem, ſive Rheam planè & perſpicuè legimus : ipſi vero ΕΤ-ΜΕΛΙΑ neſcio unde emerſit ; hancque ob dulcia cantica Homero coronam imponere fingit; quam nos conſenſu totius Orbis ſibi traditam inferimus. Cybeli autem ſeu Magnæ Matri, capitis ſummi præclarum inſigne Turrim nimirum emendatio noſtra reſtituit, ubi apud Kircherium columna inter hanc & virum alatum ſtantem erecta eſt. Quod ſi Ægyptia interpretamenta cum Kircherio magis arrideant, Iſidem, cum modio in capite, quam eandem cum Terra Servius & Macrobius conſtituunt, hic agnoſcendam, retenta eadem ſignificatione, non abnuerim : & fortaſſe propior modio, quam turritæ coronæ hic capitis ornatus dici poteſt ; utque diſtinctius comprehendatur, libet eum ſeorſim propria magnitudine exhibere. (A)

A 2

Ad

A.

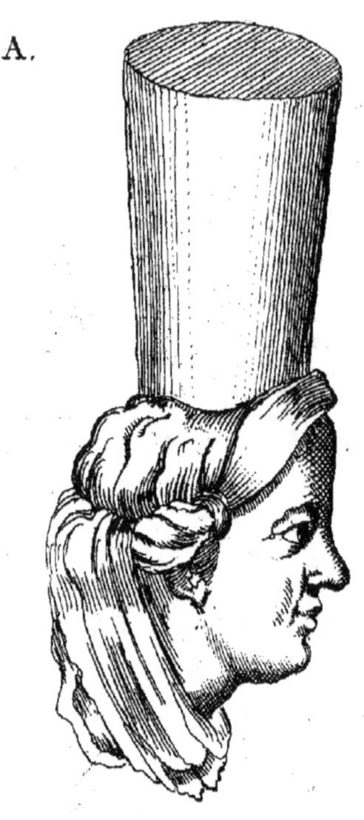

Ad latus hujus OIKOYMENHΣ *ei jungitur* XPONOΣ,
five is Saturnus fit, & *æternitatem fignificet, quod annis
faturetur; ut Cicero* & *Lactantius dixerunt; five tempus, utpote alas geftans, æternitatis itidem imaginem juxta
Platonem* & *Pythagoricos, five cœlum ipfum, unum* &
*idem cum Saturno ex Varrone; Kircherii interpretationem
effugit; quia ipfe nulla fignificatione* KIPONOΣ *legit. Nos
igitur cœli terræque in Homeri veneratione confenfum,
feu utriufque Poëmatis ejufdem (qualiter n. manu fuum
volumen geftat)* æternitatem & nunquam interituram
memoriam *polliceri credimus.*

   Quos Kircherius ad Homericæ fellæ latera genios ad-
ftantes Ægyptiaco veftitu & geftu, & in manu alterius
flagellum ὀφιόμορφον, fymbolum energiæ in profligandis
tyrannorum vitiis, & vitioforum hominum flagitiis,
commentus fuit, nos mulierum fpecie; eam quæ ad dex-
te-

teram, Iliadem, *quæ ad finistram* Odysseam, *ex subjectis titulis* ΙΛΙΑΣ, ΟΔΥΣΣΕΙΑ, *& ex utriusque symbolis, facili, nec longe petita conjectura judicamus. Ensis namque hujus Heroum gesta, & pugnata* facro bella fub Ilio, *exprimit; prout Acrostolium five aphlasta hujus formæ,* (B)

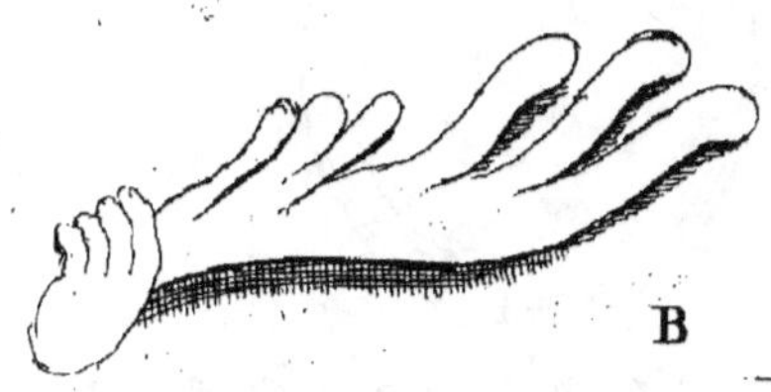

B

in alterius manu navigationes, & maritimos Ulyssis *errores, atque adeo ipfam* Odysseam *demonstrat. Acrostolium, inquam, quale in maritimæ potentiæ oftentationem* Tyrios *in nummis ufurpasse, pluries obfervat* Vaillant *in* Historia Regum Syriæ, *& præfertim in* Demetrio Nicatore; *& proprie ad maris trajectus fignificandos* Neptunum *cum eodem acrostolio in manu expressum videmus, tam in nummo* Vespasiani *quarto apud* Tristanum, *quam in alio apud* Oifelium *Tab. 36. pro reditu eorundem ex Oriente ad capessendum imperium percussis.*

Adfcribitur quoque ab Auctore hujus Marmoris Homeri *illud obfcuri argumenti Poëmation Batrachomyomachia (dubitantibus fane* Vitæ Homeri *Scriptoribus, hoc eft, tam* Proclo, *quam Auctore anonymo apud* Allatium de Patria Homeri *in fine fuæ præfationis) ut ex muribus in imo folio volumen hinc inde arrodentibus infertur; quod nec pariter* Kircherius *advertit,* Ægyptiis mysteriis *in* Græco *quamvis Poëta & Statuario evolvendis intentus.*

Index inflexus versus subditum Orbem in secunda fascia: (C)

C.

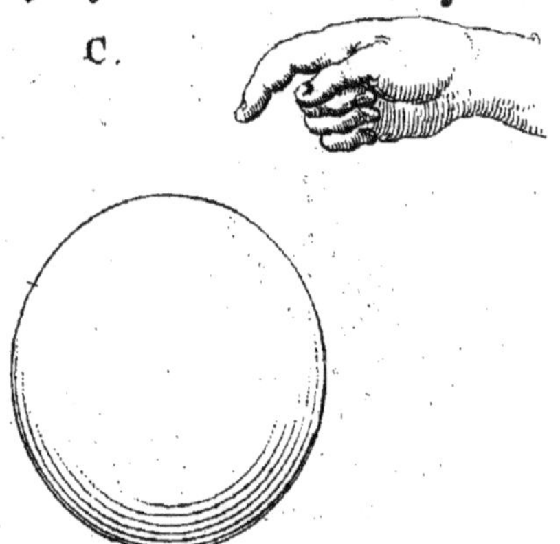

In throno illo in extremitate ejusdem secundæ fasciæ nullæ faces, sed Apices huic similes tornatiles, (D)

D

Facies ejus quam Flaminicam Kircherius vocat, eidem throno insistentis ita se habet. (E)

E.

Tauro illi gibboso, & monstrosæ, ut videtur, figuræ, similes vide in nummo Gordiani III. apud Tristanum.

Ima

Ima fascia, in qua nomina illa ΟΙΚΟΥΜΕΝΗ, ΧΡΟΝΟΣ, *&c. latior est, & in voce illa* ΑΡΕΤΗ *versus definit.*

ΑΡΕΤΗ.
ΜΝΗΜΗ.
ΠΙΣΤΙΣ.
ΣΟΦΙΑ.

C'est ainsi que finissent les Observations & les Corrections de l'Abbé Fabretti sur ce Marbre, & dont d'ailleurs il rend compte lui-même au public dans un de ses ª Ouvrages imprimé à Rome l'an 1683. Voyons maintenant comment les autres Savans l'expliquent.

ª *Syntagma de Columna Trajani pag.* 346, *& seq.*

SECTION II.
Explications des Savans.

I. Du P. Kircher.

CE savant Jesuite le partage en trois Ordres ou Dégrez; en celui d'enhaut, en celui du milieu, & en celui d'enbas. Dans le premier il reconnoit Jupiter assis sur le Parnasse, écoutant la demande de six Figures, qu'il prend pour autant de Villes représentées par des Muses ou Graces, qui s'interessent pour la gloire d'Homere, comme de celui qui leur a fait tant d'honneur. Dans le second il compte cinq Femmes & un Vieillard, qui tâchent de faire valoir le merite d'Homere par leurs actions. Il prend la premiere, qui est assise, pour la Poësie. La seconde montrant le Globe avec la main, marque selon lui le beau talent d'Homere à parler de la fabrique du Monde, & de tout ce qui s'y trouve. La troisiéme lui paroît contempler avec étonnement les Ouvrages divins d'Homere. Il ne dit rien de la quatriéme Figure, ni de la cinquiéme,

qu'on

qu'on voit fous l'Antre, finon que l'une tient une Lyre, & l'autre le volume de l'Iliade ; en rapportant l'Arc
& le Carquois, fymboles ordinaires de Cupidon, aux
Amours des Dieux & des Déeffes, dont l'Iliade eft
remplie. Il croit que l'Antre defigne la demeure ordinaire des Nymphes, ou des Mufes, de la maniere
qu'elle eft décrite par Lucien & par les Mythographes.
Il fait de la fixiéme quelque *Flamen* ou Prêtre d'Homere, qui fe met en devoir d'offrir au nouveau Dieu
un Sacrifice à l'Egyptienne. Il recueille ce dernier des
flambeaux & de la Lettre *Tautique*, ou de la Figure
de Croix à anfe qu'il croit voir derriére le Prêtre, &
qu'il dit être autant de fymboles qu'on trouve ordinairement dans les Temples, fur les Autels, & dans les
mains des Idoles Egyptiennes. Dans le troifiéme de-
gré, il confidére enfin l'accompliffement de toute l'affaire, ou l'Apotheofe d'Homere dans toutes les formes.
Comme ce dernier endroit du Marbre ne fauroit être
obfcur, tant par l'action des figures, que par les noms
ajoutez, il ne fera pas neceffaire de m'y arrêter pour
le préfent. Vous en ferez toutefois affez inftruit, par
l'endroit même de l'Ouvrage cité du P. Kircher, que j'ai
deffein d'ajouter à la fin de cette Lettre, tant pour confirmer ce que je viens d'en dire, que pour vous épargner
la peine d'aller confulter un Livre rare, que vous n'a-
vez peut-être pas chez vous. Ce qui me femble neceffaire d'être remarqué ici en paffant, c'eft la reflexion
de ce favant Jefuite fur l'endroit où ce Marbre a été
trouvé, qu'on nomme aujourd'hui *Frattochia*, fitué *in
agro Ferentino* des Anciens. C'eft là où il prétend qu'é-
toient bâtis la Maifon de Campagne de l'Empereur
Claude & fon Temple. Or comme cet Empereur y
alloit demeurer affez fouvent ; qu'il a d'ailleurs fort
aimé les Lettres Grecques ; & qu'en particulier il fa-
voit

voit par cœur tout Homere, dont la lecture faiſoit ſes delices; le P. Kircher en conclut aſſez probablement, que c'eſt par ordre de cet Empereur, & à ſes dépens, que ce Marbre y a été fait. Ce qui en établit fort bien le temps ou l'époque.

II. DE Mr. CUPER.

L'Illuſtre Mr. Cuper n'acquieſçant pas à l'Explication du P. Kircher, a trouvé bon d'en donner une autre qu'il croit plus convenable au ſujet & plus approchante de la verité. Pour vous donner une idée generale de ſon ſentiment, je ne ſaurois mieux faire, que de rapporter les propres paroles de ce ſavant Homme, tirées de la Préface de ſon Livre. *Ut autem exemplo Architectorum*, dit-il, en parlant au Lecteur, *brevi in tabella formam operis exhibeam, ecce Tibi, quæ mea de tam eleganti Lapide ſit ſententia.* HOMERUS *barba & capillo decorus, inferiorem corporis partem tectus, diademate caput cinctus, ſceptrum ſive haſtam tenens, nec non comitem habens Aquilam, tamquam* Novus Jupiter, *inſidet* monti Olympo. *Hinc ſequuntur Muſæ, dulci vocum concordia ejus, uti Jovis apud Heſiodum, animum demulcentes, variis veſtibus, ut tunica palliolata σχίϛῳ, epomide, exomide, ἑτερομασχάλῳ, ſupparo, aliisque exornatæ.* Undecim numero *ſunt, quia* Ilias *atque* Odyſſea *illis adſcriptæ, ſtant in antri oſtio, quemadmodum patet ex* pileo, Ulyſſis ſive Odyſſeæ, *atque* Arcu cum Pharetra, Iliadis *inſignibus. Prope antrum baſi inſiſtit* Vir *pallio quadrato amictus, ſive ille ipſe ſit* Homerus *carmina ſua canens, ſive* Linus, *ſive* Lycurgus, *ſive* Piſiſtratus, *uti cenſebat Clariſſimus Heinſius; an vero* Pittacus, *quemadmodum Illuſtriſſimo viſum fuit Spanhemio*

B

(Mr.

(Mr. Cuper se meprend ici ; car ce n'est pas *Pittacus*, mais bien *Bias*, que l'Illustre Baron de Spanheim croit être représenté ici , comme nous le verrons dans la suite) *A tergo Viri posita est* machina, *cujus supremæ parti adjicitur* Character Ægyptiacus, *vel* Littera, *ut vocant* Tautica, *quâ, si figura hæc* Homerum *repræsentat, videtur notare* Artifex, Ægypto *illum oriundum esse, id quod nonnullos Veterum memoriæ mandasse constat. Hinc aperit se clarior rerum series, & quem modo Olympo insidentem conspeximus* Homerum, *in templo sedet, variis Artibus ipsi sacrum facientibus.* ΕΥΜΕΛΙΑ *designat divinam carminis pangendi artem, modulationem aptam, & veteribus toties laudatum, nostrisque auribus fere incognitum rhythmum. Sed cum me Illustrissimus, nec non eruditissimus Abbas Raphaël Fabretti certiorem fecerit, in ipso marmore reperiri* ΚΟΥΜΕΝΗ, *& figuræ muliebri caput turritum esse ; melius erit intelligere, Orbem terrarum testari,* Homerum Principem *esse* Poëtarum. ΧΡΟΝΟΣ *significat tempus Mythicum, usque ad bellum Trojanum tantum extendi, atque ab eo temporum & annorum ordinem, veramque historiam initium habere ; vel* Poësin *Homeri in omne ævum duraturam loquitur ; alasque tergo affixas habet, quia nihil tempore velocius. Hinc occurrit* HOMERUS *sceptrum manu tenens ; atque latera ejus cingunt* ILIAS *&* ODYSSEA, *parvulis virginibus adumbratæ, quia libri Poëtarum* filiæ, θυγαθέρες, κόραι, *illique horum* parentes, *solent appellari.* ILIAS *armatur* ense, *propter bella & cædes ;* ODYSSEA *vero* aplustre, *propter errores Ulyssis tenet.* MURES *prope* ὑποπόδιον *chartulas rodentes, vel notant Batrachomyomachiam ab ipso scriptam ; vel invidos, instar murium corium, chartas similesque res rodentium, ejus famam vellicasse & lacerasse.* ΜΥΘΟΣ *additur, quia fabulæ & fictiones ex*

sen-

fententia plurimorum veterum proprius Poëfeos characier;
HISTORIA, *quia bellum Trojanum geftum, & Troja
deleta eft; aliæque infuper in utroque opere hiftoriæ recen-
fentur.* ΠΟΙΗΣΙΣ, *quia verba ligata funt, & Homerus
non modo Heroico carmini, verum etiam aliis omnibus
originem dedit.* ΜΥΘΟΣ *præterea puer eft, quia in fa-
bulis omnia perfpici nequeunt, fed inftar puerorum fem-
per in iis explicandis hæremus; nec non quia pueri facri-
ficiis adhiberi folent; unde &* guttum *five* gutturnium,
ad vinum aræ infundendum, cum patera *tenet, non fecus
ac* HISTORIA *ex* acerra *fumptas micas thuris duobus
primoribus digitis aræ injicit. Miræ adftat* Bos *formæ;
fed ejufcemodi Cariam, cui Priene artificis Archelai patria vicina, gignere, Plinius & alii docent.* TRAGOE-
DIA *Viro,* COMOEDIA *Muliere, id quod absque ratione
factum non eft, repræfentata fequuntur; quia Poëta nofter* Τραγικῶν ἡγεμὼν καὶ διδάσκαλος, *nec non Comœdiæ*
Πατὴρ *exiftimatus eft; argumentaque & operis regulam
ac normam Tragicis & Comicis quafi præfcripfit.* ΦΥΣΙΣ
*denotat fingularem rerum naturalium cognitionem Home-
rum habuiffe, naturæ fuiffe, ut Macrobius loquitur, con-
fcium; & cælum, ftellas, mare, terram, animalia,
plantas, additis convenientibus epithetis defcripfiffe diligenter; Mathematicum, Aftronomum, Aftrologumque
eundem fuiffe,* καὶ τῶν Φυσικῶν καἶὰ ϛοιχεῖα ἀρχηγὸν.
*Puerilis illi habitus, quia in myfteriis illis, & abftrufis
indagandis rebus, propter plurima incognita, pueri veluti & infantes fumus, atque uti loquitur eleganter Seneca:*
in veftibulo ejus hæremus; illa arcana non promifcuè nec
omnibus patent; reducta & in interiore facrario claufa
funt; ex quibus aliud hæc ætas, alia quæ poft nos fu-
bibit, adfpiciet. ΑΡΕΤΗ *fignificat illam Philofophiæ
partem, quæ virtutem colit, & mores format, ab*

B 2

Ho-

Homero luculenter defcribi ; quo refpicit Horatianum illud :

Trojani belli Scriptorem, maxime Lolli,
Dum tu declamas Romæ, Prænefte relegi :
Qui quid fit pulchrum, quid turpe, quid utile, quid non,
Plenius ac melius Chryfippo & Crantore dicit.

ΜΝΗΜΗ *adeft ; quia belli Trojani memoriam tradit, & plurimas hiftorias vetuftiores, antiquitates, vocabula antiqua, nec non prifcum loquendi fervat charaƐterem. Per* ΠΙΣΤΙΝ *intelligo Rhetorum contentionem, quam Latini* Probationem *appellant ; arbitrorque auƐtorem Marmoris nos docere velle Rhetorices, artifque bene ac ornate dicendi regulas apud Homerum inveniri.* ΣΟΦΙΑ *tandem agmen claudit, quia* Poëtæ σοφοὶ *vocantur, antiquiffimique* Poëtæ & Mufici Philofophi *fuerunt ; corumque omnium* Poëta nofter σοφώτατος ; *ut &* Philofophorum Princeps, προπάτωρ καὶ ἀρχηγὸς τῷ Πλάτωνος καὶ Ἀριϛοτέλȣς λόγων, & Geographiæ ἀρχηγέτης ; *unde multi olim de* Philofophia Homerica *fcripferunt, &* Philofophi *placita fua ejus, tanquam certiffima auƐtoritate, defendebant.*

Vous voyez, Monfieur, que le fentiment de Mr. Cuper ne differe pas peu de celui du P. Kircher. Celui-ci partage ce Monument en trois aƐtes ou dégrés, au lieu que Mr. Cuper le diftingue feulement en denx. Le Vieillard fur le fommet de la Montagne, eft Jupiter, felon le P. Kircher, mais Mr. Cuper le prend pour Homere même. Le prémier croit que la Montagne eft le Parnaffe, au lieu que Mr. Cuper croit que c'eft le Mont Olympe. Mr. Cuper reconnoit ici onze Mufes, en ajoutant aux neuf ordinaires, deux nouvelles,

les, favoir l'Iliade & l'Odyffée, au lieu que le P. Kircher eft fort incertain, fi ce font ici des Mufes ou des
Graces, & qu'il aime mieux les prendre pour des Genies & fymboles de Villes. Pour les deux Figures, qui
font fous l'antre, le P. Kircher n'en détermine rien,
finon qu'il croit que le Volume, qu'on voit dans la
main de l'une eft l'Iliade, & que l'Arc & le Carquois
fignifient les amours des Dieux & des Déeffes, dont
l'Iliade eft remplie, en quoi Mr. Cuper va plus loin,
puifqu'il reconnoit ici l'Iliade & l'Odyffée enfemble,
repréfentées fous la forme de deux Mufes. Il rapporte
le Chapeau, qu'il croit voir à leurs pieds à *l'Odyffée*,
comme *l'Arc & le Carquois* à *l'Iliade*, les principaux
Ouvrages d'Homere. Le P. Kircher & Mr. Cuper ne
font pas, non plus, d'accord fur le Vieillard qui eft
proche de l'antre. Le P. Kircher le prend pour un
Prêtre, & Mr. Cuper croit que c'eft ou *Homere* lui-
même, ou *Linus*, ou *Lycurgue*, ou, comme il le dit
ailleurs ª *Cinæthus Chius*, ou *Orphée*, ou peut-être un
certain Magiftrat de Thebes (*Antiftes vel* Προφήτης
Thebanus) prétendu Pére d'Homere felon Heliodore.
ces deux célèbres Savans ne font d'accord que fur la
Machine qui eft derriere le Vieillard, en manteau. Elle
leur paroit un caractere Egyptien, comme la Lettre
Tautique, ou la Croix à anfe; & au cas que le Vieillard, qui eft devant la Machine, repréfente Homere,
comme Mr. Cuper le conjecture; il trouve probable,
que l'Ouvrier aît voulu indiquer par ces caracteres la
patrie d'Homere, que quelques anciens Auteurs ont
fait Egyptien de naiffance. C'eft en quoi confifte la
difference & l'harmonie des opinions de ces deux célèbres Savans fur l'endroit du Marbre que je me propofe
d'expliquer.

ª *De Apoth.* &c. *p.* 35. 36.

B 3   III. De

III. De Mr. de Spanheim.

L'Illuftre Baron de Spanheim ne s'eft attaché qu'à la Figure en manteau, qui eft près de l'antre ; à la Lettre Tautique, qui eft fur fa tête ; & à la Machine qui eft derriere lui. Il s'en explique dans une Lettre qu'il écrivit à Mr. Cuper, & que ce dernier [b] rapporte. Cet excellent Homme prend la Figure en manteau pour un Philofophe Grec. Il le recueille de fon habit, du Volume qu'il tient à la main , & de la reffemblance de cette Figure avec d'autres Statuës anciennes de Philofophes qu'on trouve à Rome & ailleurs. Et comme l'Ouvrier étoit de la Ville de Priène, Mr. de Spanheim en conclut, que c'eft ici la Figure du Philofophe *Bias*, le principal luftre de cette Ville, & honoré autrefois d'un culte Divin par fes compatriotes. Il croit fort probable que l'Ouvrier a rangé ce Philofophe parmi les Genies des Arts & des Sciences, affemblez ici pour honorer la Confecration d'Homere. Le grand merite de ce Philofophe, qui a paffé pour l'ornement de toute l'Ionie ; qui au jugement de plufieurs a eu le prémier rang parmi les fept Sages de la Grèce ; & auquel même on avoit érigé des Temples ; le confirme dans ce fentiment. A l'égard des Flambeaux qu'il trouve aux deux côtez du Philofophe, il les rapporte à la coûtume des anciens d'en avoir dans leurs Temples, pour le culte non feulement de Cerès, de Diane, de la Lune, de Pan, mais auffi d'autres Dieux & Heros. Au fujet de la Lettre *Tautique*, ou de la Croix à anfe attachée à la tête de ce Philofophe, & qui touche la Machine Spherique qui eft derriere lui, Mr. de Spanheim confeffe ingenument qu'il en ignore la fignification : Il fe fouvient bien du Trepied d'or trouvé par les

Pê-

b *Ibid.*
p. 193.

Pêcheurs Ioniens, qui étant attribué par une Réponſe
de l'Oracle *au plus ſage*, fut porté à Bias; mais il ne
trouve pas que cette Machine reſſemble à un Trepied,
qui d'ailleurs eſt placé ordinairement aux pieds des Figures dans les anciens Monumens, & jamais ſur la tête,
comme cette Machine eſt placée ici. Enfin il demande ſi on ne pourroit pas rapporter cette Machine au
beau mot de Bias, *omnia mecum porto*. Les propres paroles de ce Grand Homme meritent de vous être rapportées; elles ſont conçuës en ces termes : *Quod autem
tuum* (dit-il, en parlant à Mr. Cuper) *de Viro illo baſi
prope antrum inſiſtente, & qui tibi, ut ais, crucem figit,
judicium ad arbitrium meum defers, in eo utinam volun-
tati tuæ obſequi, aut exſpectationi ſatisfacere mihi lice-
ret. Verum cum & alio, tum & hoc ante omnia, cupidi-
tati hac in re meæ obfuiſſe, meisque ad te litteris unam
inde moram adlatam noris, quod neque illius Marmoris
ectypum aut ſchema haberem hîc loci, neque unde nanciſce-
rer ſcirem, niſi quod demum ante diem unum vel alterum,
in Kircheri Latio ſeſe mihi denuo videndum præbuit. Neque ideo tamen occurrit hactenus quicquam, quod animum
meum in eo, de quo quæris ζητήμαʆε abunde explicet, &
in quo declarando me OEdipum audacter apud te vendita-
rem. Philoſophum quidem Græcum, totus Viri habitus,
quadrata veſtis, volumen quod manibus tenet, conſenta-
nea denique ſimilibus palliatorum σοφῶν, quæ adhuc Romæ aut alibi proſtant, ſtatuis aut iconibus, figura arguere
mihi haud abs re videbatur. Quum vero operis illius
Artifex, pro more conſueto dicatur in eodem Marmore
Apollonius n. quidam patria Prienenſis, ad Biantem con-
tinuo referebam ſtatuam illam palliatam, Virum, ut noſti,
primarium illius Urbis decus, & cui delubrum etiam con-
ſecraſſe, Prienenſes è Laertio memineram. Unde nihil*
mi-

mirum aut insolitum videbatur, ut in eodem Marmore, in quo Nobilissimæ Artes ac Disciplinæ, immo ipsa rerum Natura, vario singulæ habitu ac ritu, ad commendationem Consecrationis illius Homericæ, oculis usurpantur; in eodem tanti civis, magni Ionum, ut Biantis tumulo apud Prienenses insculptum, ornamenti, & inter septem Sapientes multorum judicio præcipui, divinisque honoribus à conterraneis suis culti, effigies quoque opportunè ac decenti habitu & loco a Prienensi artifice signaretur. Neque Faces, *quæ ab utroque Viri latere occurrunt, quisquam* mirabitur, *qui eas in Græcorum Sacris ac Delubris familiares haud ignorat, iisque non Cererem solum aut Dianam Lunamve Luciferam, quod & arguunt obvii, ut nosti, veteres nummi, aut Panem cæteroquin, sed & alios Deos ac Heroas ejusmodi δαδȣχίαις καὶ λαμπαδόφορίαις frequenter ab iisdem cultos.* De Litera, *quam vocant* Tautica, *ceu* Cruce ansata, *quæ in Monumentis Ægyptiis haud infrequens à Kirchero traditur, cur eadem capiti hujus Viri appensa, aut quæ Sphærica veluti addita ei machina, haud ita, ut ingenuè fatear, liquet. Tripodem quidem æneum memorant Auctores, cui nomen* Sapientis, *aut* Sapientissimi, *inscriptum, singulari munere Bianti concessum. Sed neque machinæ illi cum Tripode convenit, neque tripus supra caput, sed ad pedes adponi in Monumentis antiquis consuetus. An ad celebre illud Biantis effatum:* Omnia mecum porto, *quidquam eadem spectet machina, tu ipse videris, qui omnia nobis præclara hujus* ἀποθεώσεως *arcana, ut verus epopta, propinabis.*

IV. DE Mr. HEINSIUS.

Nicolas Heinsius a déclaré son sentiment sur deux endroits de ce Marbre. 1°. Il prend pour les symboles d'Ad'Apollon, l'Arc & le Carquois, aussi bien que la Lyre qu'on voit sous l'Antre. *Sed & hæc cum scribo*, dit Mr. [a]Cuper, *præstantissimus Heinsius mittit, se, cum in transcursu marmor consuleret, Arcum & Pharetram in vestibulo antri, uti & Lyram, pro Apollinis insignibus cepisse.* 2°. L'Homme en manteau, qui est près de l'Antre lui semble être *Pisistrate*, le Compilateur des Ouvrages d'Homere, & qui pour cela auroit merité une place sur le Parnasse. Ce qui paroit douteux à Mr. Cuper, à cause de la marque Egyptienne, qui est sur la tête de cet Homme. *Heinsius putabat*, dit-il[b], *Pisistratum esse, qui Homeri scripta, ante disperfa, in unum corpus collegit, atque ita posteris conservavit; hocque nomine Artificem ingeniosum hanc illi Statuam in Parnasso deberi opinatum; & tandem codicem manu tenere, scripta brevia ac libellos solitum complecti, qualis in Statuis Oratorum passim apparet. Verum hæc omnia dubia ut sint, facit* Tauticus, *ut verbo Kircheri utar,* character, *qui capiti hominis imminet &c.* Ce que Heinsius dit en premier lieu, touchant l'Arc, le Carquois, & la Lyre d'Apollon, est, à mon gré, ce qu'il y a de mieux rencontré, dans tout ce que vous venez de lire, & dans ce que d'autres, dont j'ai encore à parler, ont conjecturé sur ce Marbre : & si Heinsius avoit voulu pousser plus avant cette premiére decouverte, je ne doute presque pas qu'il ne nous eut donné l'entiére Explication de ce Monument. C'est ce que j'espere de faire voir évidemment dans la suite, après vous avoir rendu compte des pensées de quelques autres Savans.

V. DE Mr. GRONOVIUS.

Le célèbre Gronovius, en rapportant ce Marbre dans son[c] *Thesaurus Antiquitatum Græcarum*, n'a pas manqué d'en

C

[a] De Apoth. &c. p. 30.

[b] Ibid. p. 35.

[c] Tom. II. Tab. XXI.

d'en dire en même temps sa pensée. Il se conforme pour le general au sentiment de Mr. Cuper, en choisissant seulement quelques endroits obscurs, qu'il croit dignes d'une attention plus particuliére. Je ne toucherai ici que ceux qui regardent la partie du Marbre sur lequel je travaille; en remettant les autres aux occasions qui s'en pourront présenter dans la suite. Sa prémiére remarque roule sur l'homme en manteau proche de l'Antre, qu'il prend pour un Savant Egyptien. Il le recueille du Caractere Hieroglyphique qu'il croit voir derriére lui, & sur sa tête. Par cette raison il ne doute pas que ce ne soit le Precepteur d'Homere, qui l'instruisit dans la doctrine des Egyptiens, que ce Poëte sut aussi bien que celle des Grecs. Il s'attache ensuite à la Figure qu'on voit à l'entrée de l'Antre, tenant de la droite un papier roulé, & appuyant sa gauche sur une pierre. Il la prend, sans difficulté, pour Homere encore jeune, en sortant de l'Ecole de son Maître Egyptien. Le volume que cette figure tient, & son visage jeune & beau, que Mr. Gronovius trouve assez ressemblant au portrait d'Homere assez au haut du Marbre, lui servent de fondement. L'autre Figure qui est sous l'Antre, & qui jouë de la Lyre, lui semble une de ces femmes savantes du vieux temps, des lumiéres de laquelle Homere auroit particuliérement profité en composant ses Ouvrages. Il doute néanmoins si c'est *Daphné*, ou la *Sibylle* fille de *Tiresias*, ou *Helene*, ou la * *Phantaisie*. Il croit avec Mr. Cuper, (& avec Mr. Wetstein, comme nous le verrons dans la suite) que c'est un chapeau que l'on voit sous l'Antre au pied des Figures; cependant il observe en cet endroit une chose, à laquelle les autres n'ont pas

pris

---

* *C'est une femme que Ptolemée Hephestion dit avoir écrit l'Histoire de Troye long temps avant Homere, qui avoit en communication de son Ouvrage.*

pris garde. C'eſt qu'il y a un Ruban poſé ſur un Chapeau, & que ce Ruban eſt la Ceinture d'Ulyſſe. Mais il vaut mieux entendre ce Savant Homme lui-même; Voici ſes paroles: *Id vero*, dit-il, en parlant de notre Monument, *quum & heic & ubique conſpici mereatur, tum in explicationem ſui impendet facile libros & vel uberrima commentaria. Sed ne ab inſtituto diſcedam, brevibus omnia peragam. Eſt enim in hoc Marmore* duplex Homeri thronismus, *qui ſic conficitur, ut non modo ſit auguſtus in ſede illa, ubi partes eruditionis verſantur, ſed etiam culmine montis receptus, Muſas ſe ipſo inferiores videat. Ibi igitur ſedet* non in templo, *ut dixere aliqui*, ſed inter velaria *Homerus, dextra volumen, ſiniſtra haſtam tenens, coronatus ab imagine terræ, ut ubique coronatus & coronandus ſignificetur; adſtante alato Tempore, & duo volumina oſtentante, propter quæ ipſa coronam accipit; ſtipantibus latera ejus Iliade* gladium in vagina *ferente, item Odyſſea apluſtre elevante, quæ emblemata ultrò ſe ſatis explicant. Quin etiam hæ patri non ut filiæ adſident, ſed confirmant ſellam ejus & fulcrum; idque ad reverentiam inſidentis ingeniculatæ. Mures ſcabello appoſiti ſunt, quos aliquid arrodere non video, nec in hoc ſacro loco vel actu invidiæ. Quod ſi Batrachomyomachia innueretur, cur ranæ quoque non conſpiciuntur? Subeſt aliud: & ſive mures ſunt, ſive glires, per eos licet colligere captam Trojam præbuiſſe occaſionem divinis illis Operibus: ad quam explicationem faciunt, quæ Viri docti protulerant* de Smintho & Apolline Smintheo. *Sequitur Ara, cui tamen anteſtat fabularum Genius* ΜΥΘΟΣ *tanquam Camillus, ferme cinctu & habitu Gabino, reſpiciens & rogans Homerum ut horam adolendi dictet, liquorem adfuſurus. Adſtat &* Hiſtoria, *ſacrificantium prima libans aliquid thuris, ſolo pollice & indice digito tenens; utpote primas in utroque Opere par-*

C 2

tes

tes poßidens. Adstat etiam Bos , ut videtur , dictus ΚΑΜΗΛΙΤΗΣ, *si audire placet Suidam, à quo nec abludit Aristophanis* ΓΥΛΙΑΥΧΗΝ, *etsi non de bove , vel ipsi vel Musis sacrificandus , ex ritu Pythagoræ apud Ciceronem 3. Nat. D. 36. Sequitur* Poësis, *duas faces elevans , ita , ut ultra velum flamma promineat , vel ad solemnitatem Sacrificii , vel ut extra stantibus scintilla aliqua hujus sacri, quod in operto Vatum est, alluceat. Sequuntur* Tragœdia & Comœdia, *dextram promittentes, vel in agnoscenda divinitate Homeri, vel in faciendis jam votis ad statuam & aram ejus, ut in utroque multa exempla præbentur in nummis antiquis, ut ita manu & voce venerentur, prout loquitur Suetonius Claudio cap. 12. qui sic explicandus. Verum Tragœdia altior quam Comœdia; etiam Tragœdia habitu virili , quum ista mulieris, quod præclare explicat Lucianus in Saltatione. Sed & manifeste Comœdia in exomide , ut vocat Festus. Sequitur* Natura, *aversa & puerili in formam lascivientis, & ex quatuor adstantibus puellis proximam aut monstrantis aut arripientis , quæ & omnes pulchræ & sibi pariter similes dissimilesque , ut in eis ita ostendat hoc habitu suo naturam artificiose ambulantem , ut ait Cicero Lib. III. Nat. Deor. cap. XI. Harum prior & eminentior est* Virtus, *ad similem consensum, atque etiam præ admiratione, quum ubique se mirabiliter servatam ab Poëta sciat, magnum tollens; illamque in eadem serie sequitur* Memoria, *quidquid adest , tacite tranquilleque adspiciens, & quidquid fit in capitis repositorio abdens , seque vel maxime viguiße in Heroe isto conscia. Ante istas duas ratione tabulæ ac cælaturæ sic exigente, postremam velut portionem hujus thiasi faciunt* Fides, *digito attingens labia ,ut multi sic occurrunt ,brachioque sinistro ,cujus manu etiam tenet volumen , fidei velut tabulas complexum , circumdat cervicem* Sapientiæ, *etiam ut* Virtus , *velatæ , atque adeo adeò junctæ se invicem confirmant continentque, quum etiam Sapientia tenere videatur volumen sinistra, dextrâ superiori pectori sic admota, ut mentum fere illi innitatur; ita scilicet re apud Homerum constituta, ut fidem maximam & Trojanis & vetustioribus rebus præbuerit, sed sapientiæ suæ, quæ & ipsa maxima fuit, innixam; quæ quidem omnia vocabula, quantopere pertineant ad Homerum, patet ex una illa Maximi Tyrii Dissertatione, quæ quidem est præstantissima, ac numero decima & sexta. Hæ igitur omnes longo ordine Majestatem Homericam testantes, solemne festum ejus comitantur, cantantque:*

ES NUMEN ET TE MUNDUS ÆTERNUS TENET.

Hæc ita quum inferius in communi Græciæ eruditione agantur, majora in sublimiori parte *apparebunt.* Primo *enim illic, quum Homerus non contentus Græcis, etiam satiari voluerit doctrinis Ægyptiorum, occurrit* Ægyptius, *quem* doctorem *suum celebravit Homerus; unde ibi in basi statutus conspicitur, ab tergo & superne appositam sibi habens Literam Ægyptiam, de qua multi egerunt. Ab eo progrediens* Homerus *juvenis (eum enim esse colligas facile ex hoc juvenili & accubante altius senili vultu, convenientissimo utroque) cum carminum volumine venit in Nympharum antrum, in cujus ingressu dedicata est Cithara vel Lyra, egregie & ex prisco ritu, ut constat, & de Syringe narratur ab Achill. Tat.* VII. 475[a]: *vel quasi sacra, perinde ut Apollinem dicunt in antro Bacchi Citharam cum tibiis dedicasse, teste Diodoro Sicul.* III. 59[b]: *vel ex communi more, quum ab paxillis suspensas fuisse Ci-*

C 3   *tharas,*

---

a. Ἀνάκειται δὲ σύριγξ, ὀλίγον ἔνδον τῶν τῦ σπηλαίυ θυρῶν.

b. Τὸν Ἀπόλλωνά φασιν εἰς τὸ ἄντρον τῦ Διονύσυ τήντε κιθάραν καὶ τὰς αὐλὰς ἀναθέντα.

tharas, ut promptè poſſent arripere, aut quod inſtar donarii in aliquo ædium loco dedicarent, ſcribat Scholiaſtes Pindari pag. 12. ad Oden. 1. [a] *: Ibi præter Arcum & Pharetram eſt & Pileus & Zona, non aliter quam Cato dicebat Polybium ſicut Ulyſſen velle rurſus in Cyclopis antrum ingredi, oblitum illic & pilei & Zonæ* [b]*. Adſtat Fœmina manu dextra volumen tenens, ſiniſtræ pollice fides Citharæ pulſans, quæ non poteſt alia eſſe, quam fœmina vetuſti temporis erudita, ex cujus ſcrinio ſupponitur didiciſſe non pauca Homerus, ſive illa ſit* Daphne, *aut* Sibylla Tireſiæ filia, *teſte Diodoro Siculo* IV. 68. *ſive* Helena *aut* Phantaſia, *quas collegit Allatius de patria Civis ſui cap.* IV. *Unde ſatis patet conſtitiſſe inter Veteres fœminæ adjutorio uſum fuiſſe Homerum. Ille igitur ſic formatus denique tendit ad Muſas, & per ſingulas vadens, ſalutata per ordinem Calliope, Urania, Terpſichore, Erato, Melpomene, Thalia, Euterpe, Polyhymnia, Clio, ita denique nondum cœlo (id enim Diis datum, & Claudius jubebatur cœlo intra dies* XXX. *excedere, Olympo intra diem tertium apud Senecam, unde hæc* ΑΦΙΕΡΩΣΙΣ *quoque dicenda potius ex nummi Cari, quam* ΑΠΟΘΕΩΣΙΣ*) ſed inſidet Olympo, diadematus, involutus limo, haſtam quoque tenens pro divinitate, quam in illo adſpicientes Urbes poſuerat circa Statuam ejus ſedentis Ptolemæus Philopator apud Ælianum Var.* 13. 22. *Ita per Muſas progreſſus eſt ad iſtud culmen quod ſuſpicerent.*

—Heliconiadum comites, quorum unus Homerus
Sceptra potitus, eadem aliis ſopitus quiete eſt.

VI. Dᴇ

a. Ἐπὶ παϲϲάλων ἔκειντο αἱ κιθάραι διὰ τὸ ἑτοίμυς εἶναι εἰς τὸ ἀναλαβεῖν, ἢ ὅτι ὡς ἀνάθημα ἐν τινι τόπῳ τῦ οἴκυ ἀνάκεινται.

b. Τὸν Πολύβιον, ὥσπερ τὸν Ὀδυϲϲέα βύλεσθαι πάλιν εἰς τὸ τῦ Κύκλωπος σπήλαιον εἰσελθεῖν, τὸ πίλιον ἐκεῖ καὶ τὴν ζώνην ἐπιλελησμίνον.

VI. DE Mr. WETSTEIN.

Comme l'Explication de Mr. Wetftein ne differe
prefque en rien de celle de Mr. Cuper, il ne fera pas
neceffaire de s'y arrêter. Il prend l'Homme en manteau proche de l'Antre pour Homere, qui auroit été
rangé parmi les Mufes, après fa Confecration. Il y en
compte neuf: fix fur le haut de la montagne, & trois
au milieu. Les deux autres figures fous l'Antre repréfentent felon lui l'Iliade & l'Odyffée, comme le croit
auffi Mr. Cuper. Il eft de même fentiment que celui-
ci & que Mr. Gronovius, touchant la figure demi-ronde proche de l'Arc & du Carquois, qu'il prend pour
un Chapeau. Le paffage entier que j'ajoute, pour ne
rien omettre, vous en dira davantage: *Archelaus Prieneus*, dit-il, *infignem Homeri* ἀποθέωσιν *in Lapide fumma
arte elaboratam dedit, cujus figuram admirabilem
Athanafius Kircherus in Latio fuo nobis fiftit, explicationem fatis eruditam eidem adjungens. Quia vero in ar-
gumento* ἀδήλῳ *quifque fuo abundare poteft fenfu, nos ob-
fervationibus eruditiffimi Abbatis* Fabretti, *fingulari* Magliabechi *Polyhiftoris Florentini liberalitate adjuti, nof-
tram* ἐπίχρισιν *fuperaddere non dubitamus. Totum Monumentum, in tres ordines eft difcretum, fupremum, medium & infimum. In rupis fummitate Jupiter eft hafta
ornatus & aquila ftipatus, Virgines pro Homeri* ἀποθέωσει
*intercedentes refpiciens: Virgines in primo ordine confpi-
ciuntur fex, quas non Urbes pro Homero orantes, uti
vult Kircherus; in fecundo vero tres: quas itidem non
Charitas; fed omnes novem junctim Mufarum numerum
conficere auguramur; omnes enim fimili modo vel inftru-
mentis muficis, vel libellis inftructas videmus, & duo hi
ordi-*

*Joh. Ro-
dolphi
Wetftenii
Differt.
De Fato
Scripto-
rum Ho-
meri
p. 152.*

ordines ita conditi apparent, ut eos res in cœlo apud Jovem geſtas exponere credamus. In medii ordinis extremitate Vir eſt ſupra baſin collocatus, volumen manu geſtans, quem nos Homerum in Deorum numerum relatum, ac a Muſis receptum interpretamur; habet autem ſecum duas Virgines in antro ſtantes, ſive Nympharum ſive Muſarum illud ſit receptaculum, quibus Lyra ſuperius apponitur, in terra Pharetra & Sagittæ cum Pileo viſuntur; utraque autem in manibus volumen geſtat, quas Iliadem & Odyſſeam, res tum belli tum pacis exponentes, ac omnium Vatum inſtrumentis celebratas, & velut Opera divina in Muſarum habitacula admiſſas conjicimus. Infimus denique ordo, quid in terris pro Homero geſtum ſit clariſſimè indicat, nam ſingulari velo a ſuperioribus eſt diſcretus, & cetera idem confirmant. Etenim a tergo Homeri in ſella locati, dextrâ volumen, ſiniſtrâ, ſceptrum flore lothi inſignitum tenentis adſtat οἰκουμένη, non εὐμελία, ut Kircherum eruditè corrigit Illuſtris Fabrettus, Terra Mater, Cybelis turrigeræ in capite figurâ repræſentata, quæ utraque manu coronam Lauream Homeri capiti imponit. Huic comes adjungitur ΧΡΟΝΟΣ Tempus, Viri alati forma exhibitum, ut ſignificetur, conſenſu totius Orbis atque omnium ſæculorum ſuffragio hanc gloriam tanti ingenii Viro deberi; eandemque perpetuo duraturam, quoad ejus Opera ſint ſuperfutura. Hæc ipſa vero egregiè deſignantur per duas mulieres ad thronum genubus flexis collocatas, quarum altera ad dextram Gladium manu gerens, ſubſcripta voce ΙΛΙΑΣ, librum Iliadis Heroum fortia facta deſcribentis; altera ad ſiniſtram Acroſtolium ſive ἄφλαςον manu extollens, itidemque Ὀδυσσείας nomen ſubſcriptum habens, Odyſſeam propter maritimos Ulyſſis errores demonſtrat. Ante Homerum Ara eſt cum adjuncto Bove & Puero ſimpulum catinum-
que

que gestante. Aræ adstat Historia, quasi thura manu aræ inspersura, hanc Ποίησις, Κωμῳδία, Τραγῳδία, *elatis manibus sacrificium approbantes sequuntur; denique in ultimo angulo* Φύσις, Ἀρετὴ, Μνήμη, Πίςις, Σοφία, *Natura, Virtus, Memoria, Fides & Sapientia, congregatæ sunt, ut omnibus his dotibus exornatum Poëtam* ἀποθέωσιν *meruiße omnibus spectatoribus constaret.*

SECTION III.

Nouvelles Conjectures. Remarques préliminaires.

I. APOLLON.

J'Ai dit ci-deſſus que de tous ceux qui ont cherché le veritable ſens de ce Marbre, pas un n'en a aproché de plus près que Mr. Heinſius, en prenant l'Arc, le Carquois & la Lyre ſous l'Antre pour les ſymboles d'Apollon; & que s'il avoit pouſſé plus avant ſa découverte, il y a apparence qu'il auroit trouvé tout le Myſtére. Profitons de cette ouverture, & tâchons d'en tirer l'uſage qu'il n'en a pas tiré. En effet je ne vois pas ſeulement ici les ſymboles d'Apollon, mais j'y vois auſſi Apollon lui-même entre les Muſes, dont il eſt environné, ſelon l'idée que nous en donne [a] Auſone :

a *Idyll.* 20.

Mentis Apollineæ vis has movet undique Muſas,
In medio reſidens complectitur omnia Phoebus.

J'y trouve d'ailleurs tout l'appareil de ſon Oracle; Ce qui me détermine à reconnoître ici l'Apollon de Delphes,

D

phes, fi vanté dans les Ecrits des Anciens. Outre l'Arc & le Carquois, qui en font les fymboles ordinaires; outre la Lyre qui le defigne; il y a encore ici d'autres marques qui lui font particuliéres, & qui fe trouvent rarement enfemble dans les Monumens anciens. Telle eft la Cortine auprès de l'Arc & du Carquois, que Meffieurs Cuper, Gronovius & Wetftein ont prife pour un Chapeau; telle eft encore la Pythie ou la Prêtreffe d'Apollon, qu'on voit près de lui à l'entrée de l'Antre, laquelle Mrs Cuper & Wetftein croyent être l'Odyffée d'Homere repréfentée fous la forme d'une Mufe, & que Mr. Gronovius prend pour Homere encore jeune, malgré le fein rempli & l'habit long de cette Figure qui marquent clairement une femme. Ces deux marques décident l'affaire pour l'Apollon de Delphes qui eft repréfenté fous l'Antre, tenant d'une main la Lyre, & de l'autre le *Plectre*. Tout cela me femble clair de foi-même, & je tâcherai ci-après de l'appuyer par de bonnes preuves.

II. LE PARNASSE.

En fuppofant fimplement comme conjecture, ce que je viens de dire fur Apollon, il faudra croire, que l'Ouvrier n'a pas eu en vûë de repréfenter ici le Mont *Olympe*; comme Meffrs. Cuper & Gronovius le prétendent: mais que ce doit être le Mont Parnaffe, felon le jugement du P. Kircher, & de Mr. Heinfius. Il eft vrai que ce dernier Mont avoit deux fommets; & qu'on n'en voit qu'un dans le Marbre, comme [a] Mr. Cuper l'a obfervé: mais cette difficulté ne me paroit pas fort confiderable. L'Ouvrier a pû fe contenter de repréfenter un des fommets, qui fuffifoit pour fon Deffein. Cependant il n'a pas laiffé de faire connoître qu'il y en

avoit

[a] *Apoth.* p. 25.

avoit encore un autre. Il l'a fait par le moyen d'un chemin qu'il a tracé au deſſus de l'Antre d'Apollon, & où une des Muſes ſemble courir. Ce chemin ne va pas droit au haut du Parnaſſe, mais à l'autre bout, que l'Ouvrier n'a pas crû neceſſaire de repréſenter. Mais l'Antre qu'on voit au deſſous décide la choſe; car aucun Auteur ancien, que je ſache, n'a parlé d'un pareil Antre qui fut ſur le Mont Olympe; au lieu que celui du Parnaſſe eſt très-connu. Il fut appellé *Corycium* par les Anciens, comme nous l'aprenons de ₐ Pauſanias, qui le préfere à tous les Antres celebres de ſon temps, par ſa grandeur & par ſon étenduë. *Huic antro,* (dit-il, ſelon la verſion de Romulus Amaſæus) *nomen inditum à Corycia Nympha. Omnium vero, quæ unquam viderim, antrorum, quod ſpectetur digniſſimum hoc mihi viſum eſt.* Et après avoir fait l'énumeration de pluſieurs Antres en differens endroits, il continue : *Verum hæc omnia* (antra) *quæ enumeravimus,* MAGNITUDINE *facile ſuperat* ANTRUM CORYCIUM : *qui introierit, ſine ulla face longiſſimè progredi poteſt.* AB IMO SOLO AD SUPERIOREM PARTEM , *quæ pro tecto eſt,* SATIS MULTUM INTEREST SPATII. Ces paroles conviennent fort bien à l'Antre de notre Marbre, qui eſt fort haut & ſpacieux, comme on le reconnoit aiſément aux Figures d'Apollon & de la Pythie, qui quoique debout, n'en atteignent pourtant pas la voute.

a Pauſan. lib. X. p. 877. ed. Lips.

III. LA PYTHIE.

Je dis que la ſeconde Figure, qui eſt ſous l'Antre, eſt la Pythie ou la Prêtreſſe d'Apollon, & non pas la Sibylle, quoi qu'elles ſoient ſouvent confonduës par les Savans. La Sibylle avoit la faculté de prédire en

D 2
tout

tout temps & par tout, au lieu que la Pythie pouvoit le faire seulement lorsqu'elle recevoit l'inspiration divine dans le Temple d'Apollon à Delphes, étant assise sur le Trepied, & non pas ailleurs. Ce que [a] Mr. Petit a fort judicieusement remarqué : *Quæ Sibyllam*, dit-il, *ab aliis vatibus discrimina secernunt, non modo indoctum, sed & eruditum vulgus hactenus fugerunt . . . . Fuit enim in Sibylla universalis quædam præsagiendi facultas, qualis nulli alii Vatum tributa : neque tempori aut loco cuipiam peculiari addicta fuit, ut Pythiæ, sed quovis loco & tempore vaticinari poterat. Quippe eam vim nacta ab ipso conceptu; cum Pythia non semper neque pro arbitrio, ubi interrogaretur, responsa dare posset, sed occasionem, atque, ut sic dicam, tempestivitatem præstolari cogeretur, donec Numen ipsam inviseret : semel enim tantum singulis mensibus afflari solitam Plutarchus tradit. Sed neque alibi quam Delphis in templo Apollinis, neque quovis ejus templi loco, sed in adyto & specu, tripodique insidens vaticinari poterat. Longè alia ratio Sibyllæ, cui vis illa semper præsto, quovis loco & tempore : neque Tripode illi, aut fatidica aqua, aut lauro opus erat, utpote natura Vates, & in potestate habens furoris illius usum, quo futura prævideret.* J'ai crû que cette observation valoit bien la peine d'être marquée ici en passant. Pour le fond, j'espere que vous trouverez ma conjecture plus naturelle que celle de Mr. Cuper, qui croit que les deux Figures, qu'on voit sous l'Antre, sont l'Iliade & l'Odyssée, représentées comme deux nouvelles Muses. Outre la singularité de cette pensée, dont il tâche de rendre raison avec beaucoup d'érudition, dans son [b] Ouvrage, il me semble qu'il auroit été fort superflu de représenter encore ici l'Iliade & l'Odyssée, puisque ces deux grands Ouvrages d'Homere y ont déja été exprimés sous une forme toute different

rente

a Petr.
Petit. de
Sibylla
Lib. III.
cap. I.

b Apoth.
&c. p. 28.

rente au bas du Marbre, aux deux côtez de la chaife, fur laquelle le Poëte Deïfié eft affis.

IV. JUPITER.

Je dis la même chofe du Vieillard, qui eft fur le fommet de la Montagne. Je ne faurois m'imaginer que ce foit Homere, & que l'Ouvrier ait voulu exprimer deux Apotheofes, d'une même perfonne, fur un feul Monument. Sans parler de l'irregularité qu'il y auroit dans tout le Deffein du Sculpteur, qui, comme nous allons voir, eft auffi bien inventé, & auffi regulier, qu'il le puiffe être. D'ailleurs la contenance du Vieillard; l'habillement, qui couvre feulement la moitié de fon corps, dont les Mythographes alleguent de bonnes raifons, qui ne s'accordent pas à Homere; la pique, ou le fceptre qu'il tient dans la main; & principalement l'Aigle, qui eft à fes pieds, font autant de marques certaines de Jupiter, qui eft repréfenté de cette maniére fur une infinité de Medailles & autres Monumens de l'Antiquité; mais dont on auroit bien de la peine à trouver un feul exemple pour Homere. C'eft fans doute cette raifon, qui a porté le P. Kircher, à reconnoître ici Jupiter, comme l'a fait auffi le Curieux & favant Mr. *Addifon*, dans fon Livre que vous eutes la bonté de me communiquer ces jours paffez, & qui a pour titre: *Remarks on feveral Parts of Italy:* quoi que ce dernier fe trompe en ce qu'il décrit Jupiter avec la foudre à la main, dont aucun autre n'a fait mention, & de quoi on ne voit ici aucun veftige. Voici les paroles de cet Auteur: [a] *I can't leave the Baffo Relievo's, without mentioning one of 'em, where the Thought is extreamly noble. It is call'd* Homer's Apotheofis, *and confift's of a Groupe of Figures cut in the fame Block of*

[a] P. 343.

D 3

Mar-

Marble, and rifing one above another by Four or Five different Afcents. Jupiter *fits at the Top of it, with a* Thunderbolt *in his hand &c.* La foudre s'accorderoit bien mal avec l'action de Jupiter en cet endroit, puifqu'il n'eſt pas ici pour ſe venger du crime, mais pour recompenſer le merite & la vertu. Ce n'eſt pas Jupiter κεραυνοφόρος ou le *foudroyant* ; c'eſt ou Ζεὺς Μειλίχιος, *Jupiter le Benin*, honoré d'un culte particulier à Athenes, & dans la plûpart des autres Villes Grecques, ſelon le temoignage de [b] Pauſanias, de [c] Thucydide & d'autres anciens Auteurs ; ou plûtôt Jupiter *Heliconius*, ainſi nommé, de ſa demeure ſur l'Helicon, & du ſoin particulier qu'il prenoit des Muſes ſes Filles ; comme Lylius Gyraldus l'a obſervé dans ſon Hiſtoire des Dieux en ces mots : [d] *Heliconius quoque Jupiter, ut Hefiodi in Theogonia Expofitores tradunt, dictus eft, fuper ea Hefiodi verba :* Καὶ βωμὸν ἐρισθενέος κρονίωνος : *aram potentis Jovis in Helicone : ubi ejus fedes erat, unde & Heliconius.* Le paſſage d'Heſiode ſe trouve au commencement de ſa Theogonie, & l'expoſition du Scholiaſte eſt conçuë en ces termes : Ἐρισθενέος] μέλλων αὐτῦ λέγειν τὴν δύναμιν, εἶπεν ἐνταῦθα τὸ ἐρισθενέος ἤγεν αὐτὸν τὸν Δία ἐν Ἑλικῶνι δὲ ἦν βωμὸς, ὡς εἴρηται, τῦ Διὸς τῦ Ἑλικῶνίῦ.

V. LA STATUE.

Il n'y a preſque point de difficulté, touchant les neuf Figures de Femmes, étant conſiderées en general. Leur nombre ne nous permet pas de douter, que ce ne ſoient les neuf Muſes : & dans la ſuite je les conſidererai chacune en particulier. Mais il n'eſt pas ſi aiſé

de

de reconnoître, qui eſt cet Homme en manteau, qu'on
voit à côté de l'Antre, & qui a tant embarraſſé nos
Interpretes. J'avois d'abord crû avec le P. Kircher,
que c'étoit un Prêtre : mais au lieu de croire auſſi avec
lui, que ce fût un Prêtre Egyptien, je jugeois que
c'étoit un Prêtre d'Apollon même. Pour fondement
de ſa conjecture, le P. Kircher croyoit voir ſur la tête,
& ſur les épaules de cet Homme, une Machine Egyptienne, en forme de Lettre *Tautique*, ou d'une Croix
à anſe ; auſſi bien que deux Flambeaux à ſes côtez : &
ſon autorité avoit entraîné tous les autres Savans à y
reconnoître la même choſe, & à ſe conformer là-deſ-
ſus à ſon ſentiment. En tout cela néanmoins, je ne
vois autre choſe qu'un Trepied ; comme j'eſpére de le
prouver clairement, dans la ſuite de cette Lettre : &
c'eſt ce Trepied, qui m'avoit preſque perſuadé, que
l'Homme qui le touche, étoit un Prêtre d'Apollon.
Mais ayant depuis conſideré, que ce Prêtre n'eſt pas
neceſſaire ici, puiſque la Pythie, comme Prêtreſſe ordinaire d'Apollon, pouvoit ſuffire pour le Deſſein de
l'Ouvrier ; & ayant remarqué d'ailleurs, que les Prêtres ont ordinairement la tête couverte d'un voile, ou
entourée d'une couronne de Laurier ; qu'ils portent les
Inſtrumens de leur Profeſſion ; & qu'on les voit toûjours en action, dans tous les anciens monumens ; dequoi on n'obſerve ici aucune trace ; ces raiſons m'ont
obligé à rejetter ma premiére penſée : & en attendant
que j'en aye mieux digeré une autre, qui m'eſt venuë
dans l'eſprit ; j'embraſſe le ſentiment de l'Illuſtre Baron
de Spanheim, qui prend cet Homme pour un Philoſophe Grec, & nommément pour le fameux Bias, l'un
des ſept Sages de la Grece, qui a tant fait d'honneur à
la Ville de Priéne ſa patrie, & celle de l'Ouvrier de
notre Marbre. L'air & l'habit de cette Figure, con-
vien-

viennent très bien à un Philofophe : & fa fituation marque clairement, que ce n'eft pas un Perfonnage qui entre dans le Deffein general ; mais que ce n'eft qu'une Statuë, pofée fur une Bafe ou Piedeftal, que le P. Kircher nomme *Abacus*, auffi mal à propos que l'Abbé Fabretti, qui l'appelle *Thronus*.   Aux raifons déja alleguées, qui ont pû obliger l'Ouvrier à mettre ici la Statuë de Bias, on peut ajoûter la belle peinture des fentimens moraux de ce Philofophe, qu'Aufone décrit par demandes & par réponfes, & qui me paroît trop belle pour être oubliée.   La voici :

a *Aufonii*
Sapientes
p. 287.

a *Quænam fumma boni? Mens quæ fit confcia recti.*
Pernicies Hominis quæ maxima? Solus homo alter.
Quis Dives? Qui nil cupiat. Quis pauper? Avarus.
Quæ dos Matronæ pulcherrima? Vita pudica.
Quæ cafta eft? de qua mentiri fama veretur.
Quod prudentis opus? Quum poffit nolle nocere.
Quid ftulti proprium? Non poffe & velle nocere.

Comme les beaux talens de ce Philofophe lui avoient acquis le prémier rang parmi les Sept Sages de la Gréce, & qu'eux-mêmes lui avoient donné la préference, en lui envoyant le Trepied d'or trouvé par les Pêcheurs Ioniens, & deftiné par une Réponfe de l'Oracle, *au plus fage (Sapientiffimo)*, comme Mr. de Spanheim l'a remarqué ; l'Ouvrier ne pouvoit rien imaginer de mieux, pour faire fentir tout cela, qu'en joignant le Trepied à la Statuë de ce Philofophe.   La pofterité doit en même temps être fort redévable à ce Sculpteur Archelaüs, de nous avoir confervé par ce moyen la Figure & le Portrait du Grand Bias, qui nous manquoit, & que nos Curieux ont cherché jufques ici avec beaucoup de foin.   Pour y fuppléer, un Fauffaire Italien s'avifa,

dans

dans le Siecle paſſé, de forger le Portrait de ce Philoſophe, & de l'exprimer ſur une des Medailles qu'il fa-
briqua alors en grand nombre. Les Antiquaires donnent à ces ſortes de Medailles le nom de *Padouanes*,
de l'endroit, où la plûpart furent faites. J'en ai ra-
maſſé plus de quatre cens, que j'ai exactement deſſi-
nées, pour les publier un jour ; & comme celle de
Bias ſe trouve auſſi dans ma Collection, je crois que
vous ne ſerez pas faché d'en voir ici une empreinte.

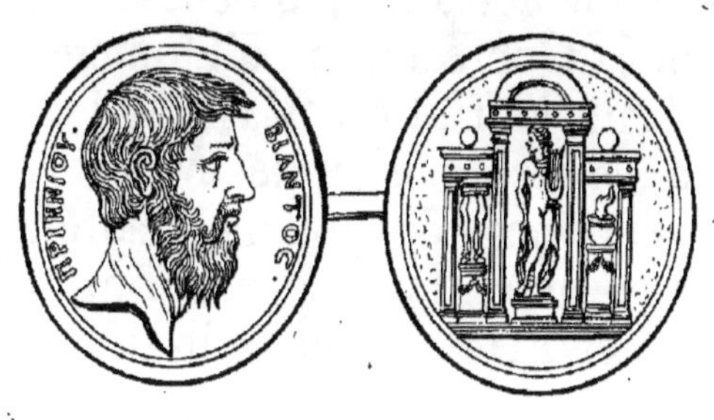

S E C T I O N IV.

Explication du Marbre en détail.

APrès tous ces préliminaires, il eſt temps de venir
à l'Explication du Marbre, ſuivant l'idée que je
m'en ſuis faite, & qui comme j'en ſuis perſuadé, eſt
celle de l'Ouvrier même. Soit que j'en conſidére le
Deſſein en general ; ſoit que j'examine en detail, la
maniére dont il l'a mis en œuvre ; je trouve que cet
Archelaüs s'eſt conduit par tout, en Artiſte habile, in-
genieux & de très-bon goût.

A l'égard du Deſſein, je trouve qu'Archelaüs ne s'eſt
pas borné à la ſeule circonſtance de l'Apothéoſe d'Homere, comme on l'a crû juſques ici, mais qu'il a eu en
vûë d'exprimer en même temps, ſur ſon Marbre, tout

E

ce

ce qui a précedé cette folemnité, & les moyens, qu'il s'imagina qu'on avoit employez pour la faire réuffir, & les motifs qui, felon lui, pouvoient y avoir donné lieu. Il feint là-deffus une efpece de Negotiation des Mufes avec Apollon, & enfuite avec Jupiter, en partageant fon Ouvrage en trois Actes differens. Dans le premier, placé au milieu du Marbre, il repréfente le commencement de la Negotiation, mife fur le tapis par quelques Mufes, & propofée à Apollon, afin d'obtenir fon confentement à la demande, qu'elles vouloient faire à Jupiter, pour la Confecration d'Homere. Dans le fecond, qui eft fur le haut du Marbre, l'Ouvrier exprime la fuite de la Negotiation des Mufes, qui ayant obtenu le confentement d'Apollon, s'adreffent à Jupiter leur Pere, pour avoir fon approbation. Dans le troifiéme ou dernier Acte, qu'on voit au bas du Marbre, l'Ouvrier repréfente l'iffuë de toute la Negotiation, je veux dire l'Apotheofe d'Homere celebrée d'une maniére folemnelle. Nous examinerons chaque Acte un peu en detail.

PREMIER ACTE.

Deux Mufes font l'ouverture du premier. L'Ouvrier les repréfente comme s'entretenant du merite d'Homere ; & de la juftice qu'il y auroit à le mettre au nombre des Dieux. Mr. Cuper [a] eft incertain, fi la premiére de ces Mufes eft ou *Clio*, ou *Polymnie*, ou *Melpomene*. Sans balancer, je me détermine pour CLIO, en confidération des Faits mémorables, racontez dans les beaux Poëmes d'Homere. Car c'eft Clio, qui préfide à l'Hiftoire, felon les Interpretes [b] d'Apollonius. Ce qui eft confirmé par Aufone, dans une de fes [c] Idylles, où on lit ces mots,

a *p.* 27.

b *Lib. III. Argonaut.* c *Idyll.* 20.

Clio

Clio GESTA canens, transactis TEMPORA
REDDIT.

Et comme elle tire son nom ἀπὸ τᾶ κλείω *je loüe*, **ou,**
comme le veut [a] *Cornutus*, ἀπὸ τᾶ κλέᾳς, *de la gloire que*
les Poëtes tirent des louanges qu'on leur donne ; elle ne
pouvoit aussi qu'être très-portée à favoriser particuliérement Homere, qui a tant excellé en tout cela. Elle
est assise, tenant de la main droite un volume, pour
designer l'Histoire qui lui appartient, comme on vient
de dire : & de la main gauche une Lyre, dont on
lui attribuë l'invention, selon le Poëte Grec de l'An-
thologie :

[b] Κλειὼ καλλιχόρᾳ κιθάρης μελινδέα μολπὴν.

Clio dulcisonæ CITHARAE modulamina PROMP-
SIT.

Mr. Cuper ne dit rien touchant la seconde Muse, si
ce n'est [c] que c'est Uranie, suivant le sentiment de
Heinsius. Je trouve la chose hors de doute. On voit
cette Muse se tenant debout devant Clio, à qui elle
semble parler. Elle est représentée, pour marquer le
mouvement perpetuel des corps célestes. Le Globe
qu'on voit devant elle, est placé sur une pierre quarr-
rée, pour marquer la solidité, & la durée des Oeu-
vres Divines ; & elle montre au doigt ce Globe, où il
semble qu'elle tourne aussi les yeux ; pour marquer que
son principal attachement est l'étude de l'Astronomie :
car selon Ausone,

Urania POLI MOTUS scrutatur & ASTRA.

Le nom d'Uranie, qui vient ἀπὸ τᾶ ᾄρανᾶ (*du Ciel*)

E 2

con-

convient fort bien à tout cela. Elle paroît ici comme recitant à Clio les chofes céleftes, dont les Ouvrages d'Homere font remplis. De forte que l'Ouvrier ne pouvoit mieux faire, que de charger ces deux Mufes de l'Ouverture de la Negotiation, pour l'Apotheofe d'Homere.

Clio & Uranie ayant ainfi entamé l'affaire, & trouvé qu'Homere étoit digne d'être mis au nombre des Dieux, *Calliope* eft chargée de propofer l'affaire à Apollon, qui eft fous l'Antre. Archelaüs n'a pas mal choifi, en donnant cet emploi à Calliope. Elle étoit Patrone de la Rhetorique & de l'Eloquence, felon [a] *Phurnutus* ou *Cornutus* ; & cette penfée eft appuyée par le nom même de la Mufe, qui vient de fa *belle voix*, ἀπὸ τῆς καλῆς ὀπῆς. Elle étoit encore la Protectrice particuliére des Poëtes, & de la Poëfie:

CARMINA Calliope libris HEROICA mandat ;

comme dit encore Aufone. Mr. Cuper ne détermine rien touchant cette Mufe. Il dit feulement, qu'elle étoit là, pour admirer l'Iliade & l'Odyffée, nouvellement reçûës au nombre des Dieux : *quæ dextra antri oræ incumbit*, [b] *dit-il, & admiratur quafi Iliadem & Odyffeam Cœlitûm numero adfcriptas effe* &c. Ce qui convient affez à ce que le P. Kircher en a dit, dans fon [c] Commentaire fur ce Marbre. Le volume que cette Mufe tient à la main, & qu'elle a auffi dans un ancien Tombeau de Marbre, publié par Mr. Spon [d], peut avoir été fa marque ordinaire. Peut-être auffi, que l'Ouvrier, en l'exprimant ici, a reflêchi fur les invocations des Poëtes, qu'ils ont coûtume d'adreffer, le plus fouvent, à Calliope, en commençant leurs Ouvrages ; coûtume qui n'a pas été negligée par notre Homere.

De

a loc. cit.

b p. 152.

c infra p. 95.

d Mifcellan. Erud. Antiq. p. 44.

De sorte qu'en considération de tout cela , cette Muse étoit la plus propre , pour proposer à Apollon la Consécration d'Homere , à cause des progrès surprenans qu'il avoit faits , dans l'Art Poëtique , dont elle étoit la Protectrice. On la voit ici dans l'état , où elle pouvoit se trouver , après que son discours fut fini , & qu'elle se préparoit d'aprendre une reponse favorable sur sa demande. Son air attentif , & son geste le donnent assez à connoître. Et la mine gracieuse d'Apollon , en regardant Calliope , qui est celle d'une personne qui parle avec douceur , marque assez , qu'il tombe d'accord qu'Homere merite l'honneur , qu'on lui prépare. Enfin la Pythie , qu'on voit près d'Apollon , à l'ouverture de l'Antre , & qui regarde aussi Calliope , semble lui présenter l'acte du consentement d'Apollon , dans une feuille roulée , qu'elle tient à la main droite. C'est par là que finit le prémier Acte.

ACTE SECOND.

Le second Acte commence par le haut du Marbre , où l'on voit Jupiter , tel que je l'ai décrit ci-dessus. Mr. Cuper , qui croit que c'est Homere , aussi bien que Messeurs Gronovius & Wetstein , & comme le veut aussi l'Illustre Mr. de Spanheim , dans un de ses a Ouvrages , où il parle de notre Marbre ; Mr. Cuper , dis-je , ne détermine point si la Personne qui parle à Jupiter , est ou *Mnemosyne* , Mére des Muses , ou *Euphéme* , leur Nourrice , ou *Calliope* l'une des Muses. J'ai plus de penchant à croire , que c'est *Polymnie* , qui ayant été deputée par ses Compagnes , va faire sa Requête à Jupiter. L'Ouvrier l'a représentée sur une hauteur , pour parler de plus près à Jupiter , qui occupe le haut du Parnasse ; & pour en être entenduë plus facile-

a *De Usu & Præst. Num. Antiq. Diss. V. pag. 489. ed. Amst.*

E 3   ment.

ment. On remarque pourtant aifément à la pofture &
au gefte de cette Mufe, qu'elle a déja ceffé de parler, &
qu'elle ne fait qu'écouter attentivement la Reponfe de
Jupiter; fe tournant déja pour en porter la nouvelle à
fes Compagnes. Son habillement modefte, & fa tête
couverte d'un voile, donnent affez à connoître, le ref-
pect avec lequel elle vient de s'aquitter de fa commif-
fion : & la taille majeftueufe, qu'Archelaüs donne à
cette Mufe, convient fort bien aux qualitez que les
Anciens lui attribuent. Elle paffe pour l'Inventrice des
ornemens de la Rhetorique, comme auffi des regles
du Gefte, felon le Poëte cité par ª Lylius Gyraldus :

ª Syn-
tagm.
de Mufis
p. 564.

RHETORICOS diclat Polyhymnia Mufa COLORES.

& felon Aufone :

*SIGNAT cuncla MANV, loquitur Polyhymnia
GESTV.*

D'ailleurs, comme cette Mufe tire fon nom des mots
Grecs πολὺς & μνεία, qui fignifient qu'elle a la *Me-*
moire excellente, on peut encore mieux comprendre,
pourquoi le Sculpteur l'a choifie pour l'emploi, qu'il
lui donne ici. Un Difcours bien tourné, prononcé
d'un ton varié à propos, foûtenu d'une bonne memoire, & accompagné d'un gefte agreable, ne manque
gueres, de faire écouter favorablement une demande,
fondée fur l'équité & fur la raifon. En effet, Jupiter
tournant le vifage vers Polymnie, & la regardant d'un
air doux & gracieux, fait affez connoître, qu'il approu-
ve la demande qu'on vient de lui faire, & qu'il eft prêt
de recevoir Homere parmi les Dieux.
La Mufe qu'on voit derriére Polymnie, & qui fe
dif-

diſtingue par ſon air gai & content , n'eſt autre
qu'Erato ; au jugement même de Mr. Cuper. Un ancien a Poëte lui attribuë l'invention des Hymnes :

Ὕμνυς ἀθανάτων Ἐρατὼ πολυτερπέας εὕρεν.
Aſt Erato DIVUM jucundos reperit HYM-
NOS.

On lui donnoit auſſi une Lyre ; & pour inclination particuliére la Danſe & la Joye : témoin ce vers d'Auſone :

PLECTRA gerens Erato, SALTAT pede, car-
mine, vultu.

Tel étant ſon caractere, elle n'eut pas plûtôt appris l'a-
gréable nouvelle du conſentement de Jupiter , qu'elle
ſe mit à danſer, ou ſauter de joye : & comme elle prenoit un interêt particulier à la gloire d'Homere, à cauſe
des Hymnes , qu'il avoit chantées à la louange des
Dieux ; elle s'en rejouït tellement , qu'en ſautant elle
laiſſa tomber ſa Lyre , qu'on voit dans le chemin, au
deſſus de l'Antre d'Apollon. Je dis que cette Lyre eſt
celle, qu'Erato avoit auparavant à la main ; car je ne
vois aucune apparence, que l'Ouvrier ne l'ait placée en
cet endroit que pour ornement, ou pour deſigner l'Antre d'Apollon, comme quelques-uns des Interpretes de
notre Marbre le prétendent. Cet Antre ſe reconnoît
aſſez par ſa figure, & plus encore par Apollon & par la
Pythie, qui ſont deſſous. Si la Lyre avoit été placée
là, comme une enſeigne de l'Antre, l'Ouvrier l'auroit,
ſans doute , repréſentée juſtement au deſſus du milieu
de l'Antre, & non pas au côté gauche, où nous la voyons. Auſſi auroit-il été bien ſuperflu , de deſigner
l'Antre par une Lyre à part au deſſus, puiſqu'il y en a
déja une en dedans. De ſorte qu'il eſt, ſans comparaiſon,
plus

a *Anthol.*
Lib.
LXVII.
n. 21.

plus probable, que c'eſt la Lyre d'Erato, qui a actuellement un pied en l'air, & dont toute l'attitude eſt d'u-
ne perſonne qui danſe. Sur quoi je ne ſaurois aſſez admirer le goût ſingulier du P. Kircher, qui trouve dans
cette Muſe une action toute oppoſée. a *Altera*, dit-il,
*profundo reverentiæ & venerationis actu, veluti in ter-
ram procidua, ſubmiſſo vultu, extenſaque in altum manu
(*Jovem*) ſupplicare videtur.* Quel jugement pour un
auſſi habile homme !

Euterpe vient après. Elle eſt aſſiſe ; & ſuivant le P.
Kircher, elle tient deux Flambeaux à la main droite.
Mr. Cuper n'eſt pas de ſon ſentiment ; quoi b que dans
la ſuite il paroiſſe encore en douter. Mais je crois
plûtôt que ce ſont deux Flûtes, dont on attribuë l'invention à Euterpe: ce qui eſt conforme à ce vers d'Auſone :

*Dulciloquis CALAMOS Euterpe FLATIBVS
urget.*

Archelaüs lui donne un air de bonne humeur, tant pour
marquer ſa ſatisfaction dans cette rencontre, que pour
deſigner en même temps le caractére de cette Muſe ;
je veux dire le contentement & la joye, comme ſon
nom le porte: car il vient du mot Grec ἐυτερπὴς, qui
ſignifie *agréable & gai.*

Terpſichore, qu'Archelaüs repréſente enſuite, ſemble
avertir Erato & Euterpe de moderer leur joye, pour
ne pas troubler les deux autres Muſes, qui ont déja
commencé à chanter les louanges du nouveau Dieu,
comme on va le voir. C'eſt pour cela qu'elle leve la
main & le doigt ; car c'étoit la coûtume de recomman-
der le ſilence par ce geſte du doigt. Je remarque en
paſſant à ce ſujet, que quand il s'agit d'impoſer ſilence
à quel-

a *Infrà*
p.54.

b p.27.

à quelqu'un qui fait un bruit, dont on eſt incommodé, on ſe ſert du doigt de la maniére que notre Muſe le fait ici, en le levant avec la main; mais que quand il eſt queſtion de garder un ſécret, ou un myſtére communiqué, on en recommande le ſilence avec le doigt poſé ſur la bouche. C'eſt dans ce dernier ſens [a] qu'Ovide dit de l'Harpocrate des Egyptiens:

Quique premit vocem, digitoque ſilentia ſuadet.

Je reviens à notre Terpſichore, qui a eu ſon nom παρὰ τὸ τέρπειν τοὺς χοροὺς, parce qu'elle aimoit *les airs gais & la danſe.* On lui donne la prérogative de ſavoir le mieux jouër de la Guitarre:

Terpſichore affectus CITHARIS *movet , imperat, auget;*

dit encore Auſone dans l'Idylle citée ci-deſſus. C'eſt de là, comme le Docte [b] Gyraldus l'obſerve, que quelques anciens l'ont nommée *Cithariſtria* ou *Jouëuſe de Guitarre.* Elle en tient une dans ſa main, mais mal deſſinée par le Copiſte: dequoi je ſuis bien fâché; car un Deſſein exact de cet endroit, ſuppoſé que le Marbre ſoit bien entier de ce côté-là, comme je l'eſpére, auroit été d'un grand ſecours, pour établir la differ000ence entre la forme de la Lyre ancienne, & celle de la Guitarre, qu'on n'a pas encore bien expliquée. Peutêtre que ce que je viens d'en dire, donnera lieu à quelque Savant de mieux examiner la choſe.

Les deux Muſes ſuivantes ſont occupées à chanter les louanges du nouveau Dieu, comme je l'ai dit. Peut-être auſſi chantent-elles des actions de graces à Jupiter, pour leur avoir accordé leur demande; mais le premier ſentiment m'agrée le mieux. Il n'y a donc

F   que

[a] Metamorph. Lib. IX. *v.* 693.

[b] Syntagm. de Muſis, pag. 564.

que ces deux Muses qui chantent sur notre Marbre, &
non pas toutes, comme Mr. Cuper le croyoit: *Sequuntur Musæ*, dit-il, dans l'endroit de sa Préface rapporté *c* ci-dessus, *dulci vocum concordia ejus* (Homeri) *uti
Jovis apud Hesiodum, animum demulcentes . . . . Undecim numero sunt &c.* Mr. Addison, cité aussi *d* ci-dessus, en parle à peu près en mêmes termes: *Immediately
beneath him* (Jupiter) *are the Figures of the Nine Muses, suppos'd to be celebrating the Praises of the Poët.*
Ces deux Muses, n'étant accompagnées d'aucune marque particuliére, il est difficile de les distinguer par
leurs noms. On seroit peut-être moins en peine, si on
avoit le bonheur de consulter le Marbre même à Rome, qui apparemment a été encore mal dessiné en cet
endroit. Ce ne peut être cependant que les deux Muses qui nous restent; savoir *Melpomene & Thalie.* Ce
sont elles qui président au Theatre; la premiére pour
les Représentations Tragiques:

> *Melpomene TRAGICO proclamat mæsta BOATV,*

Et la seconde pour les Comiques;

> *COMICA lascivô gaudet sermone THALIA,*

comme en parle encore Ausone. Elles chantent ici à
l'honneur d'Homere, dont les Ouvrages ont tant contribué à l'embellissement du Theatre & au bon goût,
qui y regna depuis. Mr. *a* Cuper a très-bien éclairci
ce dernier point, en faisant voir assez au long, & avec
son érudition ordinaire, que les anciens Poëtes Tragiques & Comiques ont beaucoup profité de la lecture
d'Homere. L'endroit merite d'être lû. Le Sculpteur
a encore ici exprimé l'action de ces deux Muses aussi
naïvement qu'il se puisse; & il semble qu'on les enten-
de

de chanter. Celle qui tient le Livre dans la main gauche, marque en même temps la mesure avec la droite.

ACTE TROISIE'ME.

Dans le troisiéme & dernier Acte, qu'on a mis au bas du Marbre, pour être plus à portée du Spectateur, & comme étant la principale partie du Deſſein, notre Sculpteur a repréſenté la Solemnité même de l'Apotheoſe d'Homere, avec la même habileté, & auſſi noblement que tout le reſte. L'Acte ſe paſſe dans un Temple, dont le dedans eſt orné d'une Tapiſſerie. Mr. Gronovius nie que ce ſoit ici un Temple, & aime mieux croire qu'Homere eſt placé ſeulement entre des rideaux : *Sedet*, [a] dit-il, *non in Templo, ut aliqui dixere, ſed inter* VELARIA *Homerus*. Mais il n'y a pas de doute que ce ne ſoit un Temple. On le reconnoit aiſément aux Colomnes qui ſont placées à égale diſtance le long du Marbre, & dont les chapitaux paroiſſent. La Tapiſſerie, qui y eſt attachée, couvre le reſte des Colomnes; & elle y a été tenduë, pour rendre encore plus auguſte la Sainteté du lieu, deſtiné à l'Apotheoſe d'Homere, & au culte qu'on lui prépare. Homere, comme le principal Perſonnage de la Piéce, y paroît d'une taille plus grande que l'ordinaire, & conforme à ſon preſent état de Dieu, aſſis devant un Autel. Cet Autel eſt marqué de deux Lettres AA qui ſont apparemment deux AA ſur l'Original, & qui ſignifient ſans doute le nom de l'Ouvrier qu'on lit tout entier au haut du Marbre ΑΡΧΕΛΑΟΣ ΑΠΟΛΛΩΝΙΟΥ, en ſouſentendant ΤΙΟΣ, à la maniére des Grecs. Pas un des Interpretes n'a pris garde à ces Lettres. La Terre (ΟΙΚΟΥΜΕΝΗ) & le Temps (ΧΡΟΝΟΣ) couronnent Homere : pour marquer, *qu'en tous lieux, qu'en tout*

[a] *ſup. p. 19.*

temps,

temps, son merite sera reconnu. L'Iliade & l'Odyssée (ΙΛΙΑΣ, ΟΔΥΣΣΕΙΑ) les deux grands Ouvrages du Poëte nouveau Dieu, soûtiennent son siége. Il a sous ses pieds quelques volumes, qui sont apparemment ses autres Ecrits, ou quelques Exemplaires des precédents. Les Rats ou les Souris sont rapportez par la plûpart des Interpretes, au Poëme intitulé : Βατραχομυομαχία : Mr. Wetstein les prend pour une preuve certaine, que ce Poëme appartient à Homere, comme il s'en explique dans son [a] Ecrit cité ci-dessus, en ces mots : *Ipsa denique* Βατραχομυομαχία *partim ab Herodoto Suidaque ei, (Homero) tribuitur, partim in vetustissimo Marmore,* Ἀποθέωσιν *Homeri referente, & in agro Marino, ante lustra circiter tria reperto, eidem asseritur ; ibi enim duo musculi sub pedibus Homeri visuntur, additâ voculâ* ΜΥΘΟΣ, *quo apertè fabula de Muribus ab Homero conficta innuitur.* Le savant Mr. Kuster est aussi dans ce sentiment, comme on l'aprend par son premier [b] Ouvrage, où il parle de notre Marbre, qu'il explique de la même maniere que le P. Kircher, dont il rapporte les paroles : Voici ce qu'il dit au sujet des Souris qui s'y trouvent : [c] *In vetusto Marmore* Ἀποθεώσεως *Homericæ, duo Musculi sub pedibus Homeri visuntur, additâ voculâ* Μῦθος ; *quo haud dubie* Βατραχομυομαχίας *auctor Homerus censetur.* Cette opinion est très-mal fondée, puisque le mot Μῦθος sur le Marbre, n'appartient pas aux Souris, mais bien au jeune Sacrificateur proche de l'Autel ; & elle a été d'ailleurs fort bien refutée par Mr. Gronovius, qui soûtient, avec raison, que si l'Ouvrier avoit voulu exprimer ici la *Batrachomyomachie*, il auroit ajouté, pour le moins, une Grenouille parmi les Souris ; quoi que celui-ci ne me semble pas plus heu-

reux,

a De Fato Script. Homeri §. I.

b Lud. Kusteri Hist. Critica Homeri pag. 40.

c pag. 63.

reux, lors qu'il conjecture, que ces petits animaux regardent ici *Apollo Smintheus*, qui ne peut être qu'affez
éloigné du fujet, dont il s'agit ici.   Ces Rats ou Souris, qui paroiffent affez clairement ronger les Ouvrages
d'Homere, fur lefquels il repofe les pieds, font, à mon
avis, un beau fymbole des Envieux de ce Grand Homme.   Zoïle Sophifte d'Amphipolis, furnommé pour
cela *Homeromaftyx*, en eft un exemple, puifqu'il ne
laiffa pas d'écrire contre Homere, en vûë de ternir,
s'il lui eût été poffible, une gloire fi bien établie ; mais
dont il ne tira point d'autre avantage, que de communiquer fon nom à ceux qui font le même mêtier
que lui :

> [a] *Ingenium magni LIVOR detrectat Homeri:*
>   *Quifquis es ex illo, ZOILE, nomen habes.*

[a] *Ovid.*
Remed.
Amor.
Lib. I. fub
fin.

Cela fait voir que pour exceller en quelque chofe, on
ne laiffe pas d'être expofé à la Critique & à l'Envie.
Le parterre du Temple eft rempli de plufieurs Genies
des beaux Arts, des Sciences & des Connoiffances, en
état de faire hommage au nouveau Dieu, & de lui offrir un Sacrifice dans toutes les formes.   Le Taureau près de l'Autel, & le jeune Sacrificateur, prêt à
faire des libations, font des marques certaines, que ce
Sacrifice ne doit pas être moins folemnel, que celui
qu'on avoit coûtume d'offrir à Jupiter, auquel le Taureau étoit pareillement immolé.
Ce feroit entreprendre d'écrire *l'Iliade après Homere*,
que de vouloir éclaircir plus amplement cet endroit du
Marbre, après le Savant & l'Illuftre Mr. Cuper, qui y
a fatisfait d'une maniére ample & folide.   Il n'y a que
deux chofes qui vaillent la peine d'être remarquées.
L'une regarde l'Inftrument, que la Figure de l'Iliade

F 3

tient

tient à la main droite ; & l'autre roule fur la fignification du mot ΜΝΗΜΗ, par lequel eft defignée une des
Figures, qui font à l'entrée du Temple d'Homere.

A l'égard du mot ΜΝΗΜΗ, Mr. Cuper l'entend de
l'Hiftoire : *Referendam autem* Μνήμην, *vel* Memoriam,
a dit-il, *ad* Hiftoriam *cenfeo &c.* Cela pourroit être,
fi l'Hiftoire n'étoit pas exprimée fur notre Marbre par
une Figure particuliére, qu'on voit tout proche de
l'Autel, fur lequel elle jette de l'encens. Le mot
ΙΣΤΟΡΙΑ, qu'on lit au deffous, ne permet pas d'en
douter. Il eft vrai, que Mr. Cuper tâche de lever cette difficulté, en diftinguant entre les Evénemens arri-
vez avant le Siege de Troye, & ceux qui fe font paffez durant le Siege, & depuis. Il comprend les prémiers fous le mot ΜΝΗΜΗ, & les autres fous celui
d'ΙΣΤΟΡΙΑ. Il juge encore, que par ce mot ΜΝΗΜΗ,
on pourroit entendre l'obligation qu'on a à Homere, de
nous avoir confervé dans fes Ecrits, ou les anciens
noms des Villes, qu'elles n'avoient plus de fon temps;
ou les anciennes conftitutions & coûtumes des Grecs;
ou même les vieux mots & hors d'ufage, dont Homere
s'eft fouvent fervi : *Non igitur in re obfcura, & conjec-
turis obnoxia erraturum me puto,* ᵇ dit-il, *fi dicam,* Historiam *præcipue refpicere illa tempora, quæ acciderunt
irato Achille, & Ulyffe Ventis jactato ;* Memoriam
*vero, quæ vel paullo vel longè iram illam, bellique Tro-
jani initium præcefferunt, &c.* Et bien-tôt après : ᶜ*Confervavit adhæc antiqua Urbium nomina, licet illæ fuo
tempore aliis forent infignes . . . . Et fi ad minoris momenti res, quæ tamen fcitu perjucundæ & neceffariæ funt,
defcendere volumus ; non modo* Memoria *recte illi tribuitur, quia, tefte Athenæo, confervavit* τὴν ἀρχαῖαν
τῶν Ἑλλήνων κατάςασιν, *verum etiam, quia memoriæ
pro-*

a Apoth. &c. pag. 102.

b p. 103.

c p. 104.

*prodidit voces priscas, multasque veluti mortuas revoca-
vit in lucem.* Ce savant Homme ne manque pas d'il-
lustrer toutes ces conjectures avec beaucoup d'érudition, & par un grand nombre d'exemples. Mais pour
dire librement ce que j'en pense il ne me semble pas
qu'il ait encore bien rencontré; Car une Histoire est
toûjours Histoire, en quelque temps qu'elle soit arri-
vée, avant ou après le Siége de Troye: & les autres
considerations me paroissent trop peu importantes, pour
croire, que l'Ouvrier de notre Marbre les ait voulu représenter par une Figure à part. J'expliquerois plûtôt
ce mot ΜΝΗΜΗ de la *Tradition*, ou de la grande connoissance qu'Homere avoit des *Faits ou des Evénemens,
qui ne subsistoient que dans la Memoire des Hommes*; en
reservant celui d'ΙΣΤΟΡΙΑ aux Faits & aux Evénemens
écrits, ou conservez par des Monumens authenti-
ques & réels. Le mot de ΜΝΗΜΗ, qui signifie *Memoria*, souffre bien, à mon avis, le sens que je lui
donne : & la Figure qui est designée par ce mot, appuye la chose; car étant toute enveloppée d'un voile,
elle peut fort bien représenter l'obscurité, dont la Tradition est ordinairement accompagnée. Il est vrai que
Mr. [a] Gronovius prend cette Figure enveloppée pour
ΣΟΦΙΑ, *la Sagesse*; Mais [b] l'opinion de Mr. Cuper me
semble en cet endroit beaucoup plus probable, lorsqu'il
juge, que c'est ΜΝΗΜΗ. Mr. Gronovius se meprend
aussi sur les autres Figures qui sont à l'entrée du Temple d'Homere. Celle qui tient le doigt sur la bouche,
& qui est ΑΡΕΤΗ *la Vertu*, comme Mr. Cuper l'observe fort bien, est, selon Mr. Gronovius, ΠΙΣΤΙΣ, *la Foi*;
& il prend celle qui leve la main, & qui en effet est
ΠΙΣΤΙΣ, pour ΑΡΕΤΗ. ΣΟΦΙΑ représentée en jeune
fille coëffée en cheveux, se trouve derriére ΜΝΗΜΗ,
que j'explique de la *Tradition*. Si vous approuvez ma

[a] *sup. p.* 20.
[b] *p.* 105. *Apoth.*

con-

conjecture sur cette explication du mot ΜΝΗΜΗ, qu'on voit sur le Marbre, comme notre Ami, le savant Mr. Des-Vignoles, n'y trouve rien à redire, je ne hesiterai plus à soûtenir, que l'Auteur de notre Marbre s'est servi de ces deux mots ΜΝΗΜΗ & ΙΣΤΟΡΙΑ pour donner à connoître, qu'Homere a été aussi habile à savoir les anciennes Traditions, qu'il a été bien versé dans la connoissance de l'Histoire écrite, & autorisée. Je trouve beaucoup moins vrai-semblable le sentiment du P. Kircher (peu different en ce point de celui de Mr. Gronovius) qui par ce mot Μνήμη n'entend autre chose que l'*heureuse Mémoire* d'Homere, qui tout aveugle qu'il étoit, avoit écrit tant d'évenemens, sans autre secours que celui de sa mémoire; Car outre qu'on n'a pas encore decidé, si Homere a été jamais aveugle, & que parmi les anciens & les modernes plusieurs en doutent avec raison; ce Poëte aussi n'est rien moins qu'aveugle sur notre Marbre : l'œil qui paroit étant aussi ouvert, qu'aucun des autres Figures; & d'ailleurs, cela ne se rapporte point au dessein de notre Archelaüs, qui n'a pas voulu exprimer sur son Marbre, les qualitez naturelles d'Homere; mais seulement les Sciences & les Connoissances, que ce Poëte s'étoit acquises, par son application, & par une étude infatigable; de même que l'honneur, qui lui en étoit revenu après sa mort. Je regarde donc notre Marbre, comme un véritable Tableau du sort ordinaire des Gens de Lettres, qui dépourvûs des biens, qu'on appelle de la Fortune, comme en effet notre Homere n'en avoit point, sont obligez de se contenter de la gloire ou des honneurs, qui ne leur viennent, le plus souvent, qu'après la mort.

L'Instrument que l'Iliade tient à la main, a une forme singuliére, dont les Interpretes ont de la peine à
ren-

rendre raifon. L'Abbé Fabretti, dans fes Corrections fur ce Marbre, que j'ai rapportées [a] ci-deffus, & Mr. [b] Wetftein, l'appellent *Enfis* ou *Gladius*, une Epée; de même que Mr. Addifon, qui en parle de cette forte: *The one* (Kneeling Woman) *holds a fword in her hand, to reprefent the* Iliad, *or actions of Achilles.* Le P. Kircher le décrit auffi comme une Epée, dont la pointe étoit tournée en croiffant de Lune, & n'en dit que ce peu de mots: *Primus* (Genius) *genuflexus, dextrâ enfem amplectitur, apice in Lunæ formam arcuato.* Mr. Cuper convient avec lui que c'eft une Epée; mais il croit, comme le croit auffi Mr. Gronovius, que c'eft une Epée dans un fourreau, dont le bout avoit été fait en demi-Lune. *Ilias,* [c] dit-il, *propter cædes . . . . enfem tenet, cujus vaginæ extrema pars utrinque quafi falcata & in fe flexa eft; qualem me non memini in aliis Marmoribus vel nummis videre.* On voit bien par ces paroles, que ce Savant Homme doute encore de la chofe, puifqu'il ne trouve pas un feul exemple d'un pareil fourreau d'épée, dans aucun Monument ancien. Mais pofons qu'il y en ait: Une Epée nuë ne conviendroit-elle pas beaucoup mieux à un fujet de guerre, comme eft celui de l'Iliade; qu'une Epée dans le fourreau, qui eft plûtôt le fymbole de la Clemence & de la Paix? Je crois donc que cet Inftrument n'eft pas une Epée, moins encore une Epée dans le fourreau; mais un autre inftrument de guerre, femblable à une hache à deux tranchans, que les anciens nomment communément *Bipennis,* Πέλεκυς, Ἀξίνη &c. & dont les Amazones & les Heros du vieux temps, fe font fervis dans leurs expeditions militaires. Quintus Smyrnæus en donne une à Penthefilée:

[a] *pag.* 5.
[b] *p.* 24.

[c] *pag.* 50.

G

Δοιὸς

^a Lib. I.
v. 157.

ᵃ Διὰς εἵλετ' ἄκοντας ὑπ' ἀσπίδα. δεξιτερῇ δὲ
Ἀμφίλυπον βέπληγα.

Duas sumsit sagittas sub aspidem. Dextrâ vero
ANCIPITEM SECURIM (i. e. Bipennem)

Ancée, dans Ovide, étoit aussi armé d'une pareille hache à deux tranchans :

b Metam.
Lib. VIII.
v. 391.

ᵇ*Ecce furens contra sua fata BIPENNIFER Arcas.*

Stace en fait aussi mention, en parlant de la Victoire
de Thesée sur les Amazones, en ces mots :

c Theb.
Lib. XII.
v. 523.

ᶜ*Ante Ducem spolia, & duri Mavortis imago*
Virginei Currus, cumulataque fercula cristis
Et tristes ducuntur equi, truncæque BIPENNES.

Je me contente de ces autoritez, sans en alleguer d'autres, qui ont été ramassées en assez grand nombre par
d Tom. II.
p. 566.
seq. le Docte Barthius dans ses ᵈ *Animadversiones* sur Stace.
La Figure de la *Bipennis*, qu'on voit sur plusieurs Me-
dailles, & sur d'autres Monumens anciens, convient
assez à l'instrument que l'Iliade tient ici, & peut-être
encore mieux à celui qui est exprimé sur l'Original du
Marbre, qui paroît encore copié ici avec assez de negligence. Si vous êtes curieux de vous assurer encore mieux de ce Fait, prenez la peine de consulter le
savant Ouvrage que Mr. Petit a fait *touchant les Ama-*
zones : Vous y trouverez beaucoup d'exemples de la
Bipennis, dont la forme approche beaucoup de celle
qu'on voit ici : & cela étant, vous conviendrez sans
doute, Monsieur, qu'Archelaüs a eu raison de mettre
cette arme ancienne entre les mains de l'Iliade ; puisque le sujet de ce Livre roule sur une des plus anciennes

nes guerres qui nous a été confervée par l'Hiftoire profane.

Après avoir mis fur le papier, tout ce que vous venez de lire, j'ai vû avec un extrême plaifir, que ma penfée fe trouve tout à fait conforme à celle qu'avoit déja euë feu Mr. le Baron de Spanheim. Car en examinant ces jours paffez quelques Tablettes de la Bibliotheque, qui porte encore le nom de cet Illuftre Savant; & ayant ouvert par hazard fon Exemplaire du Livre de Mr. Cuper, *touchant l'Apotheofe d'Homere*; je trouvai qu'à la marge de [a] l'endroit où Mr. Cuper parle de cet Inf-trument, qu'il appelle *Gladius*; Mr. de Spanheim avoit écrit ces mots de fa propre main : *Bipennis videtur in fchemate, non Gladius : Prior ille Heroum geftamen, & Thefei, Smyrnæ Amazonis, Cabirorum in nummis.* Fortifié par un auffi puiffant fuffrage, je ne doute plus que ce ne foit une Hache antique que l'Iliade tient à la main.

[a] *Apoth.* p. 49.

SECTION V.

Eclairciffemens fur quelques endroits.

IL eft maintenant néceffaire de retoucher quelques endroits de ce Marbre, qui me parûrent vous faire de la peine, lorfque j'eus l'honneur de vous en dire mon fentiment. Le prémier regarde Apollon, que vous ne crûtes pas pouvoir être reconnu habillé en fem-me, comme il eft ici. Le fecond roule fur la Cortine, qui eft fous l'Antre, & dont la Figure femble fi fort aprocher d'un chapeau ancien. Le troifiéme enfin fur le Trepied, qui eft derriére le Philofophe Bias, & qui vous parût bien different des Trepieds ordinaires qu'on voit fouvent fur les Medailles & fur d'autres Monumens anciens.

                    I. APOL-

I. APOLLON EN HABIT DE FEMME.

Pour ce qui eſt d'Apollon, je ne nie pas, que de la maniére qu'il eſt repréſenté ſur notre Marbre, il n'ait tout l'air d'une femme. L'habit, auſſi bien que l'air & le tour du viſage, y conviennent. Tout cela cependant ne devoit pas empêcher nos Interpretes d'y reconnoître Apollon, puiſqu'ils ne pouvoient pas ignorer, que ce Dieu eſt repréſenté de même en bien des endroits. Trois Medailles du Cabinet Royal qui m'eſt confié, en fourniſſent déja de bonnes preuves.

La premiére, qui eſt d'Auguſte, repréſente l'Apollon ACTius de la même maniére, à peu près, qu'on le voit ſur notre Marbre, tenant la Lyre de la main gauche, & le *Plectrum* dans la droite, avec un habit de femme, & une eſpéce de manteau ſur l'épaule, qui lui pend derriére le dos juſqu'aux pieds. Dans la ſeconde, qui eſt de Neron, Apollon, ou plûtôt Neron lui-même ſous la Figure d'Apollon, porte le même habit, en joüant de ſa Lyre; Et dans la troiſiéme d'Antonin le Pieux, l'APOLLO AUGUSTUS reſſemblé ſi fort à une femme, qu'il n'y a pas une ſeule marque d'homme. Ces trois exemples ſeront ſuffiſans, ſi je ne me trompe,

pour

pour vous ôter tout scrupule sur ce sujet. En voici pourtant un quatriéme tiré d'une Medaille de Commode, qui se trouve aussi dans le même Cabinet.

On y voit l'APOL*lon* PALAT*in* habillé en femme, tout de même que sur les précédentes, & sur notre Marbre. Ces exemples sont d'autant plus décisifs, que les noms, qui sont ajoutez aux Figures, ne laissent aucun sujet de douter. Sans cela on ne reconnoîtroit pas si aisément Apollon; & il n'est pas surprenant qu'on ne l'ait pas reconnu sur notre Marbre; puisqu'il n'y est pas designé par son nom. Nos plus célèbres Antiquaires se sont souvent trompez dans des rencontres semblables; & je pourrois en produire plusieurs exemples, si je ne souhaittois d'être court. En voici deux seulement, qui se présentent les prémiers à ma mémoire.

Mr. Cuper, expliquant à la fin de son [a] Ouvrage, quelques Medailles anciennes, en rapporte une du Cabinet de Mr. Huygens, qui a d'un côté une tête couronnée de Laurier, avec une branche de cet arbre devant le visage, & pour legende : IMP. DOMIT. AVG. GERM. COS. IV. Au revers un Corbeau sur une branche de Laurier, avec les lettres S. C. *Senatus Consulto.* La même Medaille se trouve au Cabinet Royal de Berlin. En voici le Dessein.

[a] *Apoth. &c. pag.* 247.

Sur cette Medaille Mr. Cuper reconnoît la tête d'une Femme, & nommément de la *Fortune Prænestine*, qu'il prétend y être exprimée plûtôt que celle de Domitien, ou de Pallas, comme l'avoit crû François Angelonus qu'il refute.   Voici ses paroles : *Ex lineamentis vultus diligenter inspectis conjecturam feci Deam hanc.* FORTU-NAM PRÆNESTINAM *esse*; *quæ Domitiano*, toto im-perii spatio annum novum commendanti lætam, ean-demque semper sortem dare assueta, extremo tristissi-mam reddidit, *quemadmodum loquitur Suetonius : quæque talis planè cernitur in nummo Gentis Plætoriæ apud Ur-sinum.*   Cette conjecture, que Mr. Cuper, tâche d'ap-puyer avec son érudition ordinaire, toute ingenieuse qu'elle est, ne me persuade pas.   Je ne vois pas quelle ressemblance cet Illustre Auteur a pû trouver entre la tête qu'on voit sur cette Medaille de Domitien, & en-tre celle qu'on voit sur la Medaille de la Famille *Plæ-toria*, qui n'a ni une couronne, ni une branche de laurier ; sans parler d'autres differences assez visibles. N'est-ce pas plûtôt Apollon représenté en Femme? Le Corbeau lui convient très-bien.   Cet Oiseau a été con-sacré à Apollon, comme Elien le confirme en ces mots : [a] Νεὼς δὲ Ἀπόλλων τιμᾶται ἐν τῷ χωρίῳ ἐκείνῳ, ὑπερὸν ἱερὸς (κόρακας) εἶναί φασιν αὐτὸς : *Templum vero* APOL-LINI *sacrum in eo loco colitur,* CUI CORVOS SACROS
esse

a Hist. Animal. Lib. VII. c. 18.

eſſe ajunt. Le même Elien appelle [a] ailleurs le Corbeau Θεράποντα, item ἀκόλυθον Ἀπόλλωνος, *Apollinis Famulum & Pediſſequum.* La cauſe de cette conſecration vient ſans doute d'une eſpéce de vertu divinatrice de cet Oiſeau, en prediſant le changement des temps par ſes differens croaſſemens, comme Pline nous l'aprend : [b] CORVI *ſingultu quodam latrantes, ſeque concutientes, ſi continuabunt* VENTOS; *ſi vero carptim vocem reſorbebunt, ventoſum* IMBREM (*præſagiunt.*) Elien, que je viens de citer, en dit à peu près la même choſe : [c] Κόραξ δὲ ταχέως καὶ ἐπιτρόχως Φθεγγόμενος, καὶ κρούων τὰς πτέρυγας καὶ κροτῶν αὐτὰς, ὅτι χειμὼν ἔσαι κατέγνω πρῶτος : CORVUS *excitato & volubili ſono crocitans, & alarum plauſu ſe concutiens,* TEMPESTATES PRÆMONSTRAT. C'eſt auſſi la raiſon pourquoi Apollon dans la Metamorphoſe des Dieux, aima mieux être changé en Corbeau, qu'en aucun autre animal. Ovide en parle en ces termes :

[d] *DELIUS IN CORVO, Proles Semeleïa Capro*
Fele Soror Phœbi, nivea Saturnia Vacca
Piſce Venus latuit, Cyllenius Ibidis alis.

Stace appelle pour cela le Corbeau *Comitem Tripodum,* le Compagnon des Trepieds.

[e] *Non* COMES *obſcurus* TRIPODUM, *non fulminis ardens*
   Vector ades, flavæque ſonas avis unca Minervæ,

Auſone le nomme *Oſcen Phœbeïum,* l'Oiſeau d'Apollon :

Tris

ᵃ Tris quorum ætates superat PHOEBEÏUS OSCEN.

Epithétes d'ailleurs confirmées par d'anciennes Medailles & Pierres gravées, où le Corbeau eſt ſouvent repréſenté avec Apollon, ou avec le Trepied, ſymbole de cette Divinité. On le voit au milieu du Trepied ſur une Medaille de Vitellius, avec la legende : xv. VIR SACR*is* FACIU*ndis.* Sur une autre Medaille de l'Empereur Gordien frappée par les *Patareans* (ΠΑΤΑΡΕΩΝ) & publiée par Meſſ. ᵇ Triſtan & ᶜ Patin, le Corbeau eſt ſur un petit globe poſé aux pieds d'Apollon habillé en Femme, qui tient de la main droite une branche de Laurier, ayant derriere lui un Trepied couvert de la Cortine, & entouré d'un ſerpent. Un ancien Anneau, publié par Gorlæus dans ſa ᵈ *Dactyliotheca*, le repréſente proche d'un Trepied qu'il regarde. Dans un Onyx ancien de la même ᵉ *Dactyliotheca*, il eſt aux pieds d'Apollon: & Mr. Cuper, qui traitte cette matiére à fonds dans ſon ſavant Ouvrage qu'il publia ſous le titre ᶠ d'*Harpocrates*, en apporte pluſieurs autres exemples. Outre ces exemples il y a une petite Medaille de Marc Antoine & de M. Lepidus, où cet Oiſeau eſt repréſenté d'un côté avec une Cruche, & avec un Bâton Augural, & au revers divers Inſtrumens de Sacrifice, pour marquer l'Augurat de Marc Antoine, auſſi bien que le Sacerdoce ou le Pontificat de Lepidus. Je donne ici le Deſſein de cette Medaille, qui ſe trouve auſſi au Cabinet Royal que je garde, pour corriger une erreur generale de nos Antiquaires, qui, en la publiant, y ont repréſenté un Coq, au lieu d'un Corbeau, marqué ſur les originaux.

Vous

---

a *Idyl. XI.*

b *Comment. Hiſtor. Tom. II. p. 512.*

c *Num. Impp. ar. p. 375.*

d *Tom. I. An. 10. Ed. Ult.*

e *Tom. II. Gem. 3.*

f *pag. 70. ſeq.*

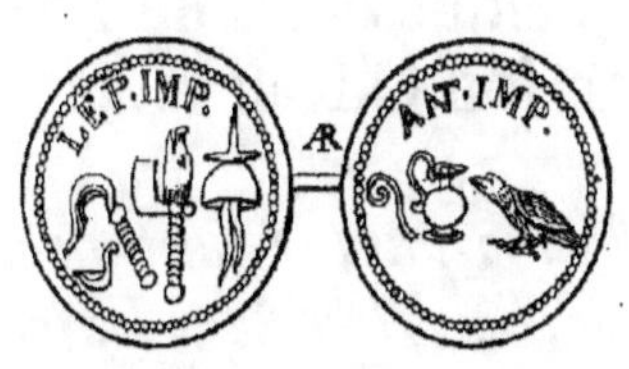

Vous n'avez qu'à confulter les Ouvrages de Goltzius, d'Urfinus, de Patin & d'autres, pour le reconnoître.   Cela eft d'autant plus fingulier, que le Coq,
quoi qu'employé quelquefois dans les anciens Monumens pour fymbole du Sacerdoce ou du Pontificat, ne
s'accorde pas fi bien avec l'Augurat, pour lequel particuliérement le revers de cette Medaille a été frappé,
que le Corbeau, qui étoit le veritable Oifeau Augural.
Pline le dit clairement en ces mots: [a] CORVI IN AU-
SPICIIS SOLI *videntur intellectum habere fignificatio-*
num fuarum.   L'Aventure célèbre du Tribun M. Valerius, depuis furnommé *Corvinus*, que Tite-Live ra-
conte, appuye la chofe: car le Corbeau, qui fe mit fur
le Cafque de ce jeune Romain, au commencement du
combat, avec un Gaulois qui le provoqua, fut regardé
comme un préfage certain de l'heureufe iffuë d'une en-
treprife fi hardie [b] : *Minus infigne certamen humanum,*
(ce font les paroles de l'Auteur,)*numine interpofito Deorum*
factum.   Namque conferenti jam manum Romano COR-
VUS *repente in Galea confedit, in hoftem verfus; quod*
primo UT AUGURIUM *cœlo miffum, lætus accepit Tribu-*
nus &c. Manile [c] fait mention de cette Hiftoire, en ces
mots, qui fourniffent d'ailleurs une nouvelle preuve de
ce que je viens de dire du Corbeau confacré à Apollon:

Et cum militia Volucris CORVINVS *adeptus*
Et Spolia, & Nomen, qui geffat in alite PHOEBUM.

H   J'ajoû-

[a] *Plin. Lib. X. cap.* 12.

[b] *T. Liv. Lib. VII. cap.* 26.

[c] *Aftro-nom. Lib. I, v.* 779.

J'ajoûte encore quelques vers de Phedre, où il fait parler Junon au Paon son Oiseau favori en ces termes :

** a *Fatorum arbitrio partes sunt vobis datæ,*
Tibi Forma, Vires Aquilæ, Luscinio Melos,
AUGURIUM CORVO, læva Cornici Omina.

Mr. Morel avoit déja pris garde à l'erreur que je viens de corriger dans la Medaille de Marc Antoine & de Lepidus, comme on le voit par sa Lettre sur les Medailles Consulaires b publiée depuis peu par Mr. Perizonius, auquel elle est écrite. Mais comme il n'a pas été suivi en ce point par d'autres, ni même par Mr. Vaillant, dernier Editeur des Medailles Consulaires, comme Mr. Perizonius le remarque c fort bien, j'ai crû ne pouvoir mieux faire, pour confirmer la chose, & pour remedier à une erreur si fort enracinée, que de produire le Dessein exact de cette Medaille, que Mr. Morel n'a pas eu soin de donner. Il ne sera pas necessaire de m'étendre beaucoup pour prouver, que le Laurier dont la tête est ornée dans la Medaille de Domitien, s'accorde aussi bien avec Apollon, & mieux encore, que le Corbeau ; car la chose est trop connuë pour s'y arrêter. Les seules épithétes de cet Arbre, qui est si souvent nommé par les anciens Poëtes, d *Apollinea, Delphica, Fatidica, Phœbea, Gratissima Phoebo* & autres, mettent la chose hors de doute. Mais ce qui me confirme le plus dans ma pensée, que la tête d'Apollon est représentée sur cette Medaille de Domitien, c'est le rapport de ce portrait avec ceux de ce Dieu, que l'on voit sur d'autres monumens anciens, & sur les Medailles rapportées ci-dessus. Il y a d'ailleurs deux autres, Medailles de Domitien, qui peuvent appuyer la chose. L'une représente la tête de Pallas, & au revers

une

une Chouette , compagne ordinaire de cette Déeſſe.
L'autre une tête de Cérès , & une Corbeille d'épics ſur
le revers.   Ces deux Medailles ont autour des têtes le
nom & les titres de Domitien ; & au revers les lettres
S. C. de même que celle dont nous parlons : mais elles ont été frappées en differens temps , comme on le
remarque à la diverſité des nombres du Conſulat. D'où
l'on peut recueillir , que c'eſt par un reſpect particulier
pour ces trois Divinités , que Domitien a fait frapper
ces trois Medailles de même genre & de même metal.
François Angeloni les a a publiées toutes trois, mais dans
une forme bien plus grande qu'elles n'ont dans l'Original.

   Je prendrai le ſecond exemple dans une Diſſertation
que Mr. Sperling publia à Amſterdam l'an 1688 , ſur une
Medaille rare de Tranquilline Femme de Gordien.
Cette Medaille repréſente d'un côté cette Princeſſe a-
vec l'inſcription ΦΟΥΡ. ΤΡΑΝΚΥΛΛΙΝΑ CЄΒ. & de
l'autre une Figure de Femme debout , tenant de la main
gauche une Lyre , & de la droite le *plectrum* , avec les
mots : ΕΠΙ ΑΙΛ. ΑΡΙCΤΟΝΕΙΚΟΥ ΓΕΡΜΗΝΩΝ. La beauté
de cette derniére Figure fit juger à Mr. Sperling non
ſeulement que c'étoit une Déeſſe ; mais encore que c'é-
toit Venus : & ſur ce fondement il s'imagina que c'é-
toit Tranquilline même , repréſentée ſous cette Image.
La maniére doit il en parle eſt curieuſe , & merite de
vous être rapportée : *In altera pagina hujus nummi* b ,
dit - il, *Deam quandam ſculptam video, Citharam in arâ*
poſitam pulſantem, cui plectrum in manu dextrâ…. Deæ
autem habitum eſſe inficias ibit nemo , cum perpetuum ſit
Deos & Deas nudos fere in nummis & ſtatuis ſculpi , id-
que aliis non tribui , niſi qui Diis comparantur. Hinc
ipſam Tranquillinam Auguſtam ſub Deæ habitu in num-
mo hoc expreſſam ſatis judico ; nam alias matronarum pu-

H 2

dor

a *In Hiſ-*
toria Au-
guſta p.
82.

b *Diſſert.*
ad Num.
Tranq.
pag. 44.
ſeqq.

*dor prohibebat sic incedere, & nudatas prostare ; at Dii, cum
non corpora humana essent, sed Animæ, Genii, & Spiritus, in quibus nihil impudicum aut fœdum visu, sed omnia sancta & adoranda, hinc nudi pingebantur & sculpe-
bantur. Ad cujus Deæ dicam Tranquillinam hic referre
speciem ? Veneris ni fallor congruit, est enim figura deli-
catissima, series membrorum apta, tenella, omnium ele-
gans συμμετρία, pes, sura respondet, secundum illud
Homeri :*

$$\text{———} \quad μηροὶ$$

Ἐυφυέες, κνῆμαί τε, ἰδὲ σφυρὰ καλ' ὑπένερθε.

Quæ tantæ pulchritudinis & formæ Deam maxime decent.
Ce savant Homme est même si persuadé de son sentiment, qu'il ne craint point de reprendre le Docte Tristan, d'avoir pris pour Apollon, une Figure semblable,
portée sur un Cygne, dans une autre Medaille de la
même Tranquilline, frappée par les Chalcedoniens, &
rapportée au Tome second de ses [a] Commentaires: au
lieu que c'est une Venus, à ce que prétend Mr. Sperling. *Nam quod de Apolline Dn. Tristan hunc nummum
intellexit, frustra est,* dit il à la page 49.

a *Trist.
Comment.
Tom. II.
pag.* 549.

Cette méprise de Mr. Sperling seroit moins surpre-
nante, si la pensée de Mr. Tristan ne lui avoit pas donné

né occasion de faire reflexion à la chofe. Mais outre les exemples , que nous en avons déja rapportez , Apollon eft fouvent repréfenté comme une Femme , & tout nud , dans les livres des Antiquaires , fur tout dans l'*Hiftoire des Rois de Syrie* par Mr. Vaillant : & pour ce qui eft de la derniére Medaille , rapportée par Mr. Triftan , le Cygne , comme un Oifeau confacré à ce Dieu , de même que le Corbeau , eft un caractere certain d'Apollon ; au lieu que ceux de Venus font ou un Miroir , ou une Pomme , ou un Poiffon , ou une Coquille ; & entre les Oifeaux un Pigeon ou un Paffereau. Pour ne pas m'arrêter davantage fur ces méprifes des Savans , je vous renvoye au beau Commentaire de Mr. Triftan , qui a mis ce Fait dans une évidence inconteftable. J'ajouterai feulement , que Mr. Vaillant dans fon Ouvrage fur les a Medailles Imperiales Grecques a auffi réconnu Apollon dans une Medaille fort femblable à celle qui fait le fujet de la Differtation de Mr. Sperling.   Voici les paroles de Mr. Vaillant : *Apollo muliebri habitu ornatus ftans Lyram columnæ impofitam tenet , ante palma arbor , cui ferpens eft involutus , cum infcriptione :* ΕΠΙ Μ. ΑΥΡ. ΝΑΙΒΙΑΝ. ΓΕΡΜΗΝΩΝ. *fub Marco Aurelio Næviano Germenorum.* Le P. Hardouin en parle fur le même pied dans fon Ouvrage b *de Nummis Urbium & Populorum.*

a *Vaill.*
Num.
Impp.
Græc.
p.158.

b *pag.* 64.
ed. ult.

Outre les Autoritez que j'ai rapportées pour prouver qu'Apollon eft fouvent repréfenté comme une Femme , je pourrois appuyer la chofe par beaucoup d'autres temoignages , fi je ne craignois d'être trop long. Je pourrois rapporter par exemple la raillerie de Niobé , fur l'habillement extraordinaire d'Apollon & de Diane , dont la derniére quoique fille , portoit l'habit court , comme un homme , & Apollon , quoi qu'homme , en portoit un long à la mode des femmes. Hyginus nous

H 3   l'aprend

l'aprend dans ſes Fables en ces mots: a *Ex ea* (Nioba)
procreavit (Amphion) *liberos ſeptem, totidemque filias.
Quem partum Niobe Latonæ antepoſuit, ſuperbiuſque
locuta eſt in Apollinem & DIANAM: quod illa* CINCTA
VIRI CULTU *eſſet,* & APOLLO VESTEM DEOR-
SUM *haberet.* En effet dans les anciens Monumens
Diane n'eſt ordinairement habillée que juſqu'aux ge-
noux:

> *NUDA GENU, veſtem RITU ſuccincta DIA-*
> *NAE.*

b Metam.
Lib. X.
v. 536.
c p. 134.
ſeq.

Comme b Ovide le dit de Venus, lorſqu'elle courut
après ſon cher Adonis. C'eſt ce que Mr. le Baron de
Spanheim a traité amplement dans ſes ſavantes c Obſervations ſur Callimaque. Je pourrois encore alleguer
Properce, qui donne auſſi un habit long à Apollon en
ce vers:

> *PYTHIUS IN LONGA carmina VESTE*
> *ſonat.*

Mais il eſt bon de faire une attention un peu plus particuliére ſur deux ou trois paſſages d'anciens Poëtes.
Ovide, dans le recit qu'il fait du combat de Muſique
entre Apollon & Pan, parle du prémier en ces termes:

d Ovid.
Metam.
Lib. XI.
v. 166.

> d *Ille caput flavum, lauro Parnaſſide vinctus*
> *VERRIT HUMUM, Tyrio ſaturatâ Murice*
> *   PALLA;*
> *Diſtinctamque LYRAM gemmis & dentibus Indis*
> *SUSTINET A LAEVA: tenuit MANUS*
> *ALTERA PLECTRUM.*

Cette

Cette Description d'Apollon en habit long, tenant sa Lyre dans la main gauche & le *plectre* dans la droite, s'accorde parfaitement avec la figure de ce Dieu, qui est sur notre Marbre. Il n'y a que le Laurier qu'on n'y observe pas; peut-être par la negligence du Copiste, qui n'a pas assez examiné la tête de notre Apollon sur l'original, où, selon toute apparence, le Laurier se trouve. Mais quand même le Laurier y manqueroit, il n'est pas rare de voir Apollon sans cette couronne dans d'autres monumens, comme les Medailles que j'ai rapportées ci-dessus, le prouvent. C'est assez que nous voyons sur notre Marbre toutes les autres marques de ce Dieu, dont parle Ovide.

Tibulle fait d'Apollon à peu près un semblable portrait:

b*HIC JUVENIS casta redimitus tempora Lauro*
  Est visus nostra ponere sede pedem.
NON ILLO QUIDQUAM FORMOSIUS
  ulla priorum
  Ætas, humanum nec videt illud opus.
INTONSI CRINES longa cervice fluebant;
  Spirabat Tyrio myrtea rore coma;
Candor erat, qualem præfert Latonia Luna,
  Et color in niveo corpore purpureus.
Ut Juveni primum VIRGO deducta marito
  Inficitur teneras ore rubente genas.
Ut cum contexunt amaranthis alba puellæ
  Lilia, & autumno candida mala rubent;
IMA VIDEBATUR TALIS ILLUDERE
  PALLA,
  Namque hæc in nitido corpore VESTIS erat;
Artis opus raræ, fulgens testudine & auro
  Pendebat LÆVA garrula PARTE LYRA,
                   Hanc

a *Lib. III.*
Eleg. 4.

Hanc primum veniens PLECTRO modulatus eburno
Felices cantus ore sonante dedit.

La beauté d'Apollon & ses graces, comparées à celles
d'une fille, son habillement, & la maniére de porter la
Lyre, décrites ici par Tibulle, se rencontrent toutes
dans la figure de ce Dieu sur notre Marbre.

Callimaque dans son Hymne sur Apollon, entr'autres louanges de ce Dieu, n'oublie ni ses beautez, ni
la richesse de ses habits & de ses armes, dont la plûpart
sont exprimées sur notre Marbre :

a Callim.
Hym. in
Apoll.
v. 33.

ᵃ Χρύσεα τῷ Πόλλωνι, τό, τ'Ενδυτὸν ἤτ' Ἐπιπορπὶς
Ἥτε Λύρη, τό, τ'Αεμμα τὸ Λύκτιον, ἤτε Φαρέτρη
Χρύσεα καὶ τὰ Πέδιλα. . . . . . .
Καὶ κεν ἀεὶ Καλὸς. καὶ ἀεὶ Νέος.

Aurea sunt Apollini & AMICTVS & Fibula
Et LYRA & ARCVS Lyctius, & PHARE-
TRA
Aurei sunt etiam CALCEI. . . .
Quin etiam SEMPER FORMOSVS & SEM-
PER JVVENIS est.

Le mot Ἐνδυτὸν signifie particuliérement un habit long,
pareil à celui qu'Apollon porte dans le Marbre, comme Mr. le Baron de Spanheim l'a remarqué dans son
savant Commentaire sur ce passage : *Apollinis ἐνδυτὸν*

b Obſerv.
in Callim.
p. 63.

dictum videtur (ce sont ses ᵇ paroles) *de veste ejusdem*
seu Palla Citharœdica, eaque Talari, quâ subinde in
nummis antiquis amictus occurrit Citharam gestans hic
Deus. Ce que ce Grand Homme appuye avec beaucoup d'érudition.

Je

Je n'ai plus que deux mots à dire, sur une Objection qui m'a été faite par un de nos Amis, & qui peut-être, pourroit embarrasser quelque autre personne. C'est que, quoi qu'Apollon fût jeune, beau & habillé en Fille, il ne laissoit pas d'être Homme au fond. Cependant on voit distinctement que la Figure, dont il s'agit, a un sein rempli, ou une Gorge comme une Fille, ou une Femme. A cette difficulté je réponds trois choses en peu de mots. 1. Il faudroit bien examiner auparavant le Marbre même, si en effet cette Figure y y a la Gorge aussi remplie, qu'elle est représentée par le Copiste; car il y a lieu d'en douter. 2. Quand même cela seroit, la chose peut être facilement excusée, sur ce que les anciens ont attribué les deux sexes à leurs Dieux & à leurs Déesses, comme vous savez. Atys, qui est le même qu'Apollon ou le Soleil, comme le Docte Borremansius le prouve amplement dans ses *a* Diverses Leçons, par les autoritez d'Arnobe & de Macrobe, en parlant de soi-même dans Catulle, s'exprime en ces termes:

a Ant. Borremanfii Var. Lect. pag. 43.

b Quod enim genus Figuræ est quod ego non habuerim?
EGO MVLIER, ego Adolescens, ego Ephebus,
   ego Puer,
Ego Gymnasii sui flos, ego eram decus Olei.

b Epigr. LXIV.

3. Les Figures d'Apollon, qu'on voit sur d'autres Monumens, & sur les Medailles rapportées ci-dessus, n'ont pas moins de Gorge, que la Figure qui est sur le Marbre. Examinez sur tout celle d'Antonin le Pieux, qui est la troisiéme de cet Article. En voila assez, & peut-être plus qu'il n'en faloit sur le sujet d'Apollon. Passons à un autre Article.

I

II. La

II. L a C o r t i n e.

JUftement au milieu de l'Antre, aux pieds d'Apollon & de la Pythie, on voit une forme de petite colline, fur laquelle un Arc & un Carquois font appuyez. Parmi les Interpretes de notre Marbre, Mr. Cuper eft le premier qui ait fait attention à cette Figure; & Mrs. Gronovius & Wetftein y ont reflechi enfuite, en fe conformant au fentiment de Mr. Cuper. Ce dernier en parle en ces termes: a *Altera autem res , colliculum referens , cuique ligulæ vel amenta Pharetræ funt impofita, quia* REVERA PILEUS *eft, peregrinationem Ulyffis defignare videtur.* C'eft donc un Chapeau , fuivant Mr. Cuper: & c'eft fi bien un Chapeau, qu'il n'en fait pas le moindre doute; jugeant de plus , que par là , on a voulu repréfenter les Voyages d'Ulyffe décrits dans l'Odyffée d'Homére. J'avouë néanmoins que je n'ai pû goûter fa penfée. Ce qui m'en éloigna d'abord, & qui feul eft capable de la renverfer, c'eft la grandeur de la figure, qui paffe de beaucoup celle d'un Chapeau ordinaire. Il ne faut que regarder les Perfonnes qui font fur le Marbre, pour s'appercevoir que ce prétendu Chapeau n'a aucune proportion avec leurs têtes. C'eft un des prémiers Préceptes qu'on donne dans l'Art du Deffein, de bien prendre garde aux Proportions, pour ne pas repréfenter les chofes dans une forme plus grande ou plus petite qu'il ne faut , par rapport aux autres Figures qu'on a deffein d'exprimer fur quelque Tableau de peinture ou en Bas-Relief ; & il n'eft pas à préfumer, que notre Archelaüs, habile comme il étoit , & bien verfé dans fon Art , dont notre Marbre lui rend d'ailleurs un bon témoignage , ait pû commettre une bevûë, qu'elle trouveroit à redire dans un Aprentif.

On

a *Apoth. pag.29.*

On ne peut pas dire non plus, que cette Figure ait été
mife ici par hazard , où fimplement pour fervir d'ap-
pui à l'Arc & au Carquois.   Ce feroit faire autant de
tort à l'Ouvrier d'une Piéce fi curieufe.   Il faut donc y
chercher quelque autre chofe, qui ait en même temps
quelque rapport avec Apollon , aux pieds duquel on
voit la Figure , jointe aux autres fymboles de ce
Dieu.

Je ne trouve rien qui y puiffe mieux convenir , que
ce que les Latins ont communément appellé *Cortina* , &
les Grecs Ὅλμος.   Je l'appellerai *Cortine* , à l'imitation
des Latins : ne fachant pas fi les François lui ont affecté
quelque nom particulier ; & n'ofant pas lui en donner
un de moi-même.   C'étoit une efpéce de Vaiffeau,
creux , ou concave en dedans , convexe au dehors ,
femblable à une coquille d'œuf coupée par le milieu en
travers ; ou comme un Chaudron renverfé ; qui fervoit
ordinairement de Couvercle au Trepied d'Apollon,
dont la Cortine faifoit la partie fuperieure. C'eft à cette Cortine que Varron compare l'hemifphére du Ciel
en ces mots : [a] CAVA CORTINA *dicta* , *quod eft* IN-
TER TERRAM ET COELUM , AD SIMILITUDI-
NEM CORTINAE APOLLINIS. Ennius en parle dans
le même fens :

 [b] *Quæque freto* CAVA *cæruleo* CORTINA *re-*
ceptat.

Virgile dans la Defcription du Mont [c] Ætna , donne le
même nom de *Cortine* ou à la furface concave du
Theatre , ou aux Vaiffeaux concaves qu'on y mettoit
en certains endroits , pour les faire mieux réfon-
ner.

[a] *Varro*
Lib. VI.
de L. L.

[b] *Ennii*
Fragm.
ex incert.
Annal.
lib. pag.
121. ed.
ult.
[c] *Jofeph.*
Scalig.
Catalecta
Virgil. p.
40.

I 2   *Car-*

Carmineque irriguo MAGNI CORTINA THEA-
TRI
Imparibus numerosa modis canit arte regentis.

Hadrien Turnebe appuye la chose, en se declarant pour la prémiére pensée : *Theatri* CONCAVITATEM *convexam & SINUOSAM Maro in Ætna* CORTINAM *appellat*, [a] dit-il sur ce vers de Virgile ; à quoi il ajoute : *Nam id de Vasis, quæ in Theatro ἠχῆα vocabantur, non tam dici crediderim, quam de* TOTA EJUS STRUCTURA, *quæ sic modificata est, ut numerosæ voces ad spectatorem proveniant.* Matth. Martinius, sans entrer dans cette discussion, explique pourtant comme lui, la forme de la Cortine : [b] CORTINAE *nomen*, dit-il, *impositum videtur primo illi tegmini, quod in summitate extendebatur* IN SINUOSAM CAPACITATEM, *ut esset tanquam* CORTINA COELI, *seu Cælum Tabernaculi ; & hujus quidem Cortinæ erat præcipua necessitas ad prohibendas pluvias, ut quæ sub eo erant, in sicco forent.* Et peu après : *Similis (*Cortina*)* VASI PATULO, ET INSTAR COELI CONCAVO. Voila précisément la forme de la Cortine qui est sur notre Marbre. Sa convexité est toute visible, & ne laisse aucun doute de la concavité demi Spherique qui est en dedans.

L'Etymologie de la Cortine confirme la chose de nouveau. Varron dans l'endroit cité, [c] fait venir ce nom du mot *Cors* ou *chors*, qui veut dire un enclos pour les poules. Scaliger dans ses *Conjectanea* sur cet Auteur, l'explique en ces mots : CORTINAM *dictam volo a rotunditate, quod ut* CORTES, *ita hæc* ROTUNDA *esset.* Caton dans ses Origines, cité par [d] Vossius, le dit aussi expressément : *Mapalia vocantur, ubi habitant : Ea, quasi* CORTES, ROTUNDA *sunt.* Lipse [e] soûtient

la

la même chofe, auffi bien que Martinius à l'endroit que
je viens de citer. Il eft fûr néanmoins que ces Auteurs
n'entendent pas ici une rondeur Spherique, que la Cortine n'avoit pas, mais une rondeur demi-fpherique &
concave. Ils en tirent tous trois l'origine du mot Grec
χόρτος, qui fignifie un *enclos*; & rejettent les autres
dérivations, dont il y en a plufieurs dans le Commentaire de Servius fur ^a Virgile. Mais il me femble que
celle qu'on fait venir *à Corio Pythonis*, de la *Peau du
Serpent Python*, n'y convient pas mal, puifque c'eft de
cette peau que la Cortine eft ordinairement couverte
dans les anciens Monumens, dont je produirai ci-après
quelques exemples; Car tout de même que la Cortine
couvroit le Trepied, la peau du Serpent fervoit pour
couvrir la Cortine. De forte que ces deux Etymolo-
gies font également fondées en raifon, & peuvent également être admifes. D'ailleurs l'ufage de la Cortine,
& celui des *Cortes* ou enclos pour la volaille étoit à peu
près le même, en ce qu'ils fervoient également pour
mettre à couvert ou garantir de dommage: & la Cortine couvroit le Trepied, comme on couvre un pot ou
un chaudron; quoi qu'elle fervît en même temps à un
autre ufage, dont je parlerai dans la fuite.

Il eft vrai que le mot de *Cortina* fe trouve fouvent
employé pour le Trepied même, comme la partie l'eft
pour le tout. Cela fe prouve par ce vers de Virgile

......^b *Neque Te Phoebi CORTINA fefellit
Dux Anchifiade.*

Ce qui veut dire qu'Enée n'a pas été trompé par l'Oracle d'Apollon prononcé du Trepied. Et ailleurs le même Poëte dit:

I 3

a *Lib. III.
Æn. v.*
92. &
*Lib. VI.
Æn. v.*
347.

b *Lib. VI.
Æn. v.*
347.

a Æn.
Lib. III.
v. 90.

. . . . *a Tremere omnia visa repentè*
Liminaque, Laurusque Dei, totusque moveri
Mons circum, & mugire adytis CORTINA reclusis.

Valerius Flaccus, dans ses *Argonautiques* employe aussi
ce mot pour le Trepied :

b Lib. I.
v. 5.

b Phœbe mone, si Cumææ mihi conscia Vatis
Stat casta CORTINA domo.

c pag. 44. Et les anciennes Glosses de *c* Philoxene & autres expliquent *Cortina* par Δελφικὸς Τρίπυς Ἀπόλλωνος. Cela
étant, on peut fort bien dire, que la Cortine tient ici
la place du Trepied ; & que l'Ouvrier l'a mise sous l'Antre, aux pieds d'Apollon, comme un symbole des O-
racles que ce Dieu rendoit du Trepied. Cette pratique est conforme à celle de plusieurs autres Monumens,
dont je produirai quelques-uns dans la suite. Car on
y voit souvent Apollon à côté de la Cortine, avec les
autres symboles ordinaires de ce Dieu.

d In Con-
ject. ad
Varron.
pag. 156.
e In Not.
ad Sue-
ton. Aug.
Cap. 52.
f In Dic-
tion.
Antiq.
pag. 345.
g In Pan-
theo
Myth.
p. 31.
h Lib. IV.
p. 349.
i In Lexi-
co Histo-
rico, voce
Tripos.

　　Ces exemples ont donné lieu apparemment, à l'opinion presque generale, qu'il n'y avoit pas autrefois de
distinction entre le Trepied & la Cortine ; soit pour
l'usage, soit pour la forme. Scaliger *d* decrit la *Corti-*
na Τρίπυς & λέβης, quoi qu'elle ne fût ni l'un ni l'autre. Samuel Pitiscus n'y reconnoit d'autre difference,
sinon que *Cortina* est en Latin, au lieu que *Tripos* est
un mot Grec : *Apollini Tripodem e*, dit-il, *quæ Latinis*
est Cortina, proprium esse voluerunt. Pierre Danet *f* explique *Cortina* par *Trepied, ou Table à trois pieds.* François Pomei *g* en parle sur le même pied, après Natalis
Comes, qui en dit autant dans sa *h* Mythologie. Le Celebre Hofman *i*, Professeur à Bâle, fait du Trepied un
vase rond : *Namque & Tripos vas rotundum erat.* Ce
qui

qui eſt vrai de la Cortine jointe à une partie du Trepied, dont elle étoit le Couvercle. Je laiſſe pluſieurs autres Auteurs, qui ont eu la même penſée.

Il n'y a pas pourtant moins de difference entre la
Cortine & le Trepied, qu'entre la partie & le tout. Le
Trepied étoit la Machine entiére, d'où l'on rendoit les
Oracles: Mais elle n'étoit entiére que lors qu'elle étoit
couverte par la Cortine : & ce Couvercle s'y mettoit
toûjours quand on vouloit conſulter l'Oracle, & qu'il
falloit que la Pythie fut aſſiſe ſur le Trepied. Pluſieurs
anciens Auteurs les diſtinguent. *Sidonius Apollinaris*
le fait dans un beau paſſage, qui s'accorde parfaitement
avec les autres caractéres d'Apollon qu'on voit ſur le
Marbre. Il en parle de cette ſorte :

a *Quid Cyrrham vel Hyantias Camœnas,*
  Quid doctos Heliconidum liquores,
Scalptos alitis hinnientis ictu,
Nunc in carmina commovere tentas,
Noſtræ ô Lampridius decus Thaliæ?
Et me ſcribere ſic ſubinde cogis,
Ac ſi DELPHICA *Delio tuliſſem*
INSTRVMENTA *tuo?* Novuſque APOLLO,
CORTINAM, TRIPODAS, CHELYN,
  PHARETRAS,
ARCVS, *Grypas, agam, duplæque frondis*
Hinc baccas quatiam, vel hinc corymbos.

a *Lib.*
VIII.
Epiſt. 9.

Outre cette diſtinction, l'Uſage particulier de la Cortine, pour ſervir de Couvercle au Trepied, eſt marqué bien expreſſément par un vers de *Prudence* :

b *Delphica damnatis tacuerunt ſortibus antra*
NON TRIPODAS CORTINA TEGIT, *non ſpumat*
  anhelus   *Fata*

b *Apo-*
theoſ.
v. 436.

Fata Sibyllinis Fanaticus edita libris
Perdidit infanos &c.

Mais il y a quelque chofe de plus précis dans un paffage de Pollux, où il nous aprend le terme Grec dont la
Cortine étoit defignée. Voici fes paroles : a τὸ δ᾽ ἐπίθημα τῶ τρίποδος κύκλον, καὶ Ὄλμον δεῖ καλεῖν. Ἐπεὶ
καὶ τῶ Δελφικῶ τρίποδος το ἐπίθημα, ᾧ ἐγκάθηται ἡ προ-
φῆτις, Ὄλμος καλεῖται; *Tripodis autem Operculum*
C i r c u l u m *appellare oportet &* Ὄλμον. *Quoniam &*
Delphici T r i p o d i s O p e r c u l u m, *cui Vates infidet*
Ο Λ Μ Ο Σ *vocatur*. On voit dans ce paffage non feulement la diftinction entre le Trepied & fon Couvercle,
que les Grecs appelloient ὄλμος; mais encore que c'eft
fur ce Couvercle que s'affeïoit la Prêtreffe, & qu'il étoit
de figure circulaire; Ce qui eft exactement vrai, fi on
l'entend de l'endroit, par où il touchoit immédiatement le Trepied, dont il étoit le Couvercle. Mais fi
l'on confidére la figure entiére de ce Couvercle, elle
étoit demi-fpherique & concave, comme cela paroit par
les paffages de Varron, d'Ennius & de Virgile, que j'ai
rapportez b ci-deffus. C'eft ainfi que l'avoit compris
Mr. de Peïrefc, après avoir examiné la chofe à fond,
comme Mr. Gaffendi nous l'apprend dans c *la Vie de*
cet Homme Illuftre. Cependant Mr. de Spanheim, dans
fes d *Notes fur Callimaque* foûtient contre Mr. de Pei-
refc, que la Cortine devoit être parfaitement Sphérique : parce que c'eft cette efpéce de figure que les
Grecs repréfentent par le mot de ὄλμος, que Pollux
donne à la Cortine, dans le paffage qu'on vient d'alleguer.

Je ne defavouë pas que le mot ὄλμος ne fignifie en
plu-

a *Lib. X.*
cap. 23.

b *pag. 67.*

c *Lib. X.*
Anno
1630.
d *Ezech.*
Spanh.
Obferv.
in Cal-
lim. pag.
389.

plufieurs endroits une Sphére, ou un corps parfaitement rond & fpherique : mais il eft conftant, que fouvent on le donne auffi à des corps qui ne font que de-
mi-fphériques. Les Auteurs que ce Grand Homme cite [a] lui-même, Nicander, Athenée, Hefychius & autres expliquent le mot ὅλμος non feulement par *Lapis
rotundus* & par *Pila* ; mais auffi par MORTARIUM,
POCULUM, CORNU INSTAR CYLINDRI, dont les
derniéres n'ont pas une figure parfaitement ronde, mais
plûtôt une demi-ronde ou demi-fpherique, comme eft
celle de la Cortine, exprimée fur notre Marbre. Ce
qui confirme mon fentiment plûtôt que de lui nuire. Si
vous voulez cependant, que ce mot ὅλμος emporte une
rondeur parfaite, & tout-à-fait fpherique, vous n'avez
qu'à confiderer cet *Holme* pofé fur le Trepied, où il
formera avec le baffin une rondeur fpherique dans toutes les formes. Telle eft en effet, la figure que l'on
voit dans plufieurs anciens Monumens, où le Trepied
eft couvert de cet *Holme* ou de la Cortine. Il y en a
une fur notre Marbre, que l'on n'a pas encore apper-
çûë; comme nous le prouverons bientôt. En attendant voyez-la diftinctement repréfentée fur ces Medailles :

La premiére eft de *Vitellius*, affez connuë, & dont j'ai
K déja

déja eu occasion de parler a ci-deſſus. L'autre eſt d'*Antinoüs* le favori d'Hadrien, publiée par b *Conſtantin Landus*; & la troiſiéme de *C. Caſſius*, rapportée par Mr. de Spanheim dans ſes c *Remarques ſur les Ceſars de l'Empereur Julien*. On voit clairement ſur ces trois Medailles, que les Trepieds ſont couverts, & que le *Holmus* ou la Cortine, qui en eſt le Couvercle, forme avec le Baſſin une rondeur pareille à celle d'une Sphére. La choſe eſt ſi évidente, qu'il n'y a pas moyen d'en douter un ſeul moment. Si Mr. de Spanheim avoit fait attention à ces exemples, il y a apparence qu'il n'auroit pas trouvé de difficulté ſur le ſujet de la forme du *Holme* ou de la Cortine, dont ces Trepieds ſont couverts. Ce qu'il y a de ſingulier, c'eſt que ce Grand Homme, en rapportant la Medaille de *Caſſius*, à l'endroit ci-deſſus marqué, & regardant comme une Sphere, la figure ronde qu'il obſervoit ſur le Trepied, n'a pourtant penſé ni à la Cortine, ni à ce qu'il en avoit dit dans ſes Obſervations ſur Callimaque, où il ſoûtient que la Cortine doit avoir une figure ſpherique : *Cette Medaille* d, dit-il, *a d'un côté le Portrait & l'Inſcription de la Liberté, avec le nom de* M. AQUINUS LEG. *ou* Legatus, & *de l'autre* UN TREPIED AVEC UNE SPHE'RE AU DESSUS. Il avoit de même appellé e *machinam ſphæricam*, la figure que l'on voit derriére la Statuë, ou l'Homme en Manteau de notre Marbre: ſans reconnoître, non plus, que c'eſt un Trepied couvert de ſa Cortine; comme je viens de promettre de le faire voir bien-tôt. Cette Cortine ſe voit auſſi placée ſur le Trepied dans un Tombeau ancien du Cabinet de Ste. Geneviéve de Paris, que le P. du Molinet publia dans la f *Deſcription de ce Cabinet*. Mais dans ſon Commentaire, il ne dit rien touchant ce Couvercle. Il en eſt auſſi peu parlé dans la Diſſertation ſur les Trepieds anciens,

anciens, publiée parmi les ᵃ *Miscellanea Eruditæ Antiquitatis* de Mr. Spon, qui n'a pas manqué d'y inferer le même Tombeau.

C'eſt une choſe ſurprenante, que tant d'habiles Antiquaires n'ayent pas apperçû la forme de la Cortine : que quelques-uns même n'en ayent pas parlé. Cela eſt d'autant plus ſurprenant de Mr. Spon, qu'ayant traité expreſſément la matiére des Trepieds anciens : ſon ſujet l'invitoit naturellement à en rechercher, & en décrire toutes les parties. Mais ce qui achéve de me ſurprendre, c'eſt ce que m'apprit Mr. Des-Vignoles, après que je lui eus communiqué mes penſées ſur cet Article. Cet Ami obligeant m'a aſſuré avoir ouï dire en France à Mr. Spon, qu'il avoit en ſon pouvoir les Manuſcrits de Mr. de Peireſc : & que Mr. Spon lui-même l'avoit ainſi declaré dans une *Lettre au P. la Chaiſe*, qui a été imprimée, mais que je n'ai jamais vûë. Car cela étant, comment eſt-ce que Mr. Spon n'a pas vû dans ces Mſſ., ce que Mr. de Peireſc avoit écrit à divers Savans, touchant la forme demi-ſpherique de la Cortine ; ou ce qu'on lui avoit répondu ? Et pour le moins, n'avoit-il pas lû ce que Mr. Gaſſendi en a écrit dans la Vie de cet Homme Illuſtre, dont il avoit les Papiers ?

Mr. de Peireſc n'eſt pas le ſeul qui ſe ſoit fait une idée juſte de la Cortine. Giphanius dans ſes ᵇ *Collectanea* ſur Lucrece en a fait autant : de même que le Jeſuite de la Cerda, dans ſon Commentaire ſur ᶜ Virgile : *Tripus erat Vas ingens*, dit-il, *Tripodem tegebat* CORTINA, *quæ nihil aliud quam* INTEGUMENTUM ET OPERCULUM TRIPODIS: *huc aſcendebat Pythia editura Oraculum, quæ ideo dicebatur loqui ex Tripode.* Il cite ᵈ Pline, qui parle de la Cortine en ces termes : *Ex ære factitavere & CORTINAS TRIPODUM nomi-*

ᵃ*p.* 118. *ſeqq.*

ᵇ*p.* 399.

ᶜ*Lib. III. Æn. v.* 92.

ᵈ*Lib.* XXXIV. *cap.* 3.

ne

ne DELPHICAS, *quoniam donis maximè Apollinis Delphici dicabantur.* Sur quoi la Cerda remarque en paſſant, que la Cortine étoit de cuivre. Toutefois [a] Suetone fait mention des Cortines d'or : *Argenteas Statuas,* dit-il, en parlant d'Auguſte, *olim ſibi poſitas, conflavit omnes : ex quibus* AUREAS CORTINAS *Apollini dedicavit.* Mais peut-être étoit-ce des chaiſes faites en forme de petits Trepieds, dediées à Apollon, comme le P. Hardouïn le veut, dans ſes Notes ſur le paſſage de Pline, que je viens de copier après La Cerda. Peut-être auſſi que c'étoit de veritables Cortines ou Couvercles du Trepied de Delphes, dont les Grands Princes d'alors avoient coûtume de faire préſent à Apollon ; Car de la maniére que ces Couvercles étoient employez à l'Oracle de ce Dieu, ils ne pouvoient pas durer longtemps, comme il reſultera de ce que j'en dirai dans la ſuite. Il étoit donc neceſſaire d'en avoir ſouvent de nouveaux, pour remplacer ceux qui étoient endommagez ou uſez : & c'étoit là un des moyens d'acquerir des richeſſes pour le Temple d'Apollon, dont les Prêtres & autres Miniſtres tiroient leur ſubſiſtance & leur profit. Le Célébre Dickinſon, dans ſon Livre *Delphi Phœnicizantes,* peut auſſi être compté parmi ceux qui ont eu une idée juſte de la figure & de l'uſage de la Cortine, quoi qu'il aille trop loin, quand il dit que c'étoit comme une Tente, ſous laquelle le Trepied étoit couvert : *Uti nos hemiſphærium,* [b] dit-il, *ſic Tripodem Cortina, tentorii ad inſtar involvebat.* Ce ſavant Homme a bien reconnu le fond de la choſe ; mais la comparaiſon qu'il vouloit trouver entre le Trepied & l'Arche Moſaïque de l'Alliance l'a fait un peu écarter de la verité.

Pour revenir au mot ὅλμος, Mr. de Spanheim [c] remarque fort bien qu'il a été ſouvent employé pour

ſigni-

a *In Vita Auguſti cap. 52.*

b *Delph. Phœniciz. pag. 118.*

c *Obſerv. in Callim. pag. 389.*

fignifier le Trepied même : Ὅλμος, dit ce favant Homme, *non folum de Pythiæ fupra Tripodem* ἕδρῃ, *feu fedi-
li, fed inde de* TRIPODE IPSO *juxta Etymologum, Ze-
nobium, Suidam, alios dictus; dum & inde proverbio datum locum volunt,* ἐν Ὅλμῳ ἐυνήσε, *vel* ἐν Ὅλμῳ ἐκοι-
μήθη, *feu, ut illud è Paufaniæ Lexico refert Eufta-
thius Il.* Λ. *p.* 836. ἐν Ὅλμῳ ἐκομήσω, *pro* μαντικὸς ἐγέ-
νɤ, *Vates factus es.* Ce qui s'accorde avec les exemples, par lefquels j'ai prouvé ci-deffus, que le mot de
Cortina a eu le même fort parmi les Latins, qui s'en
font fervis affez fouvent lorfqu'il n'étoit queftion que
du Trepied. Cela fait voir de nouveau que la Cortine
& le *Holmus* étoient la même chofe, foit pour la forme, foit pour l'ufage.

Ce n'eft pas feulement fur notre Marbre que la Cortine eft repréfentée fans être jointe au Trepied. On la
voit auffi toute feule fur d'autres Monumens anciens.
Deux Medailles qui fe trouvent au Cabinet Royal de
cette ville prouveront la chofe fuffifamment.

Dans la premiére, qui eft des anciens Neapolitains on
voit la Cortine & la Lyre, comme les fymboles d'A-
pollon, que ces Peuples honoroient d'un culte particulier; & dans l'autre, (dont les lettres emportées par
le temps, nous derobent la connoiffance des peuples qui
l'ont frappée) Apollon debout, ayant le Carquois fur

les

les épaules, & un rameau de Laurier à la main, s'accoude fur fa Lyre, qui eft appuyée fur la Cortine. On voit auffi ce même Dieu affis fur la Cortine dans plufieurs Medailles des Rois de Syrie, dont Mr. Vaillant a publié l'Hiftoire. La feule difference qu'on remarque entre les Cortines de ces Medailles, & celle de notre Marbre, c'eft que celle de notre Marbre n'a point de couverture, non plus que quelques-unes de celles qui couvrent les Trepieds fur les Medailles rapportées a ci-deffus ; au lieu que dans celles, dont je viens de donner le Deffein, la Cortine eft couverte de la peau du Serpent Python, comme on le reconnoît aifément aux traits quarrez qui y paroiffent. Je remarquerai en paffant, que le célèbre *Ant. Auguftin*, Archevêque de Tarracone, a pris la Cortine, qui eft fur la Medaille des Neapolitains, que je viens de rapporter, pour la montagne *Sipylus*, où l'on croit que *Parthenope*, qui donna autrefois le nom à la Ville de Naples, avoit été enterrée. Voici fes paroles, comme André Schott les a traduites de l'Efpagnol en Latin: b *In Numifmate hujus Urbis Lyra vifitur & mons Sipylus, quo condita fepulcro Parthenope exiftimatur.* S'il n'y avoit point d'autre preuve contre ce fentiment, la feule infpection du Deffein de ces figures fuffiroit pour le rejetter. Car y a-t-il quelque proportion pour la grandeur entre une Lyre & une Montagne ? Or les figures de cette Medaille font d'une même grandeur ; & s'il y a quelque difference, elle eft à l'avantage de la Lyre. Mais peut-on jamais s'imaginer une Lyre auffi grande, & même plus grande qu'une Montagne? C'eft fans doute ce qui a fait qu'Octavien Sada, dernier Editeur de ces Dialogues en Italien, n'a pû foufcrire à ce fentiment, & a jugé avec raifon, que c'étoit une Cortine.

Au

a *pag.* 73.

b *Dial. V. De Num. Antiq.* p. 76.

Au reste, du mot *Cortina*, a été fait le titre de *Cortinipotens*, qui a été donné à Apollon par Lucilius dans ses [a] Fragmens, où on lit ces mots : *Hunccine ego unquam Hyacintho hominem* CORTINIPOTENTIS *deliciis contendi?* Sur quoi Franc. Dousa observe dans sa [b] Note, qu'Apollon, fort affectionné à Hyacinthe, avoit été appellé de ce nom : *Cortinipotentem videtur appellare Apollinem, cui Hyacinthus in deliciis erat*; & Turnebe a eu raison de dire qu'Apollon eut ce nom de la Cortine, ou du Trepied, auquel il présidoit [c] : *Cortinipotentem Apollinem dixit Lucilius, quod Cortinæ, i. e. Tripodi præsit.* Ce surnom d'Apollon n'est pas d'ailleurs fort connu, puisque Gyraldus, qui a recherché avec le plus de soin ces sortes de surnoms des Dieux, n'a pas fait mention d'*Apollo Cortinipotens*, qui meritoit pourtant de trouver sa place dans son *Histoire des Dieux*, d'ailleurs si complete. On y [d] trouve un autre surnom d'Apollon, qui s'accorde fort bien à celui-ci, puisqu'au fond c'est le même nom dans une autre langue : je veux dire celui d'ἔνολμος, dont Sophocle parle dans ses Tragedies, & dont *Cælius Rhodiginus* rend raison : *Partemque eam* [e], dit-il, *in qua sederet* (Pythia) *vocari* Holmon, *unde à Sophocle Apollo dicatur* Enholmos : *quin & Vates dici* Enholmides *quodam genere videntur, ratione eâdem.*

Voilà, Monsieur, ce que j'ai jugé à propos de vous dire touchant la Cortine. Si je m'y suis arrêté un peu plus long temps, que je n'avois resolu d'abord ; c'est parce qu'en y travaillant, il m'a paru, que le sujet en valoit la peine, par l'embarras où il a jetté nos Antiquaires les plus curieux, & ceux même qui ont traité cette matiére exprès : mais, de peur de vous ennuyer, j'ai supprimé bien des choses, que j'aurois pû y ajoûter. Je me flatte d'en avoir assez dit, pour vous convaincre,

au

[a] *Satyrar. Lib. VII. p. 40.*
[b] *Ibid. p. 121.*
[c] *Lib. XXIX. c. 20. Adversar.*
[d] *Hist. Deor. Syntag. VII. p. 246.*
[e] *Lib. VIII. Lect. Antiq. cap. 15.*

au moins, que c'eſt effectivement une Cortine, qu'on
voit ſur notre Marbre aux pieds d'Apollon, & nulle-
ment un Chapeau, comme quelques Savans ſe l'étoient
imaginé. En cas que vous en vouliez ſavoir davantage,
& connoître les autres ſignifications du mot *Cortina*,
vous n'avez qu'à conſulter *l'Etymologicum* de Voſſius,
le Gloſſaire de Du Cange & le *Lexicon Antiquitatum
Rom.* de Mr. Pitiſcus. Je paſſe à la conſideration de la
Machine, qui eſt derriére le Philoſophe Bias.

III. LE TREPIED.

J'ai dit ci-deſſus, que cette Machine eſt un Trepied:
& je m'aſſure que vous en êtes déja perſuadé, après
avoir lû ce que j'ai écrit touchant la Cortine. Sur tout
ſi vous avez pris la peine de comparer la Figure de notre Marbre, dont il s'agit, avec celles des Trepieds
repréſentez dans quelques-unes des Medailles precéden-
tes. La choſe me paroît ſi évidente & ſi aiſée, que
je ne ſaurois aſſez m'étonner, comment tant d'Antiquaires d'un ſavoir profond, & d'une experience con-
ſommée, ont pû s'y meprendre, comme ils ont fait:
particuliérement le P. Kircher & l'Abbé Fabretti, qui
ont eu tous deux la commodité d'examiner à loiſir ce
Marbre à Rome; & qui ont travaillé l'un & l'autre, ou
à l'expliquer, ou à l'éclaircir. Je l'examinerai néanmoins, quand ce ne ſeroit, que pour découvrir ce qui
a été la cauſe d'une erreur auſſi étrange, & pour donner, en même temps, un exemple remarquable de la
tyrannie des Préjugez.

L'Autorité du P. Kircher en a été aſſûrément la prémiere ſource. L'Eſprit tout rempli de Figures Hiero-
glyphiques, dont il avoit fait une étude particuliére;
ce Pére prenoit pour des Figures de la même eſpéce
toutes

toutes celles qui lui paroiſſoient en avoir quelque air :
& comme celle dont il s'agit, reſſemble aſſez bien à
une Croix à anſe, ou plûtôt à une Croix en potence,
accoſtée de deux Flambeaux, il s'imagina que c'étoit la
Lettre qu'on nomme *Tautique*, commune parmi les
Hieroglyphes des Egyptiens. Quelque bizarre que fût
cette penſée, ſur tout, s'agiſſant d'un Marbre d'ailleurs
tout Grec, ceux qui ſont venus après lui, l'ont adop-
tée ſans l'examiner ; entrainez, très-apparemment, par
l'autorité que le grand ſavoir de ce Pere lui avoit ac-
quiſe.

Pour faire voir évidemment qu'il n'y a rien de tout
cela, ſur notre Marbre ; mais ſeulement un Trepied ;
il eſt bon de vous mettre d'abord devant les yeux la
Deſcription que Diodore de Sicile donne du Trepied
de Delphes : *C'étoit,* [a] dit-il, *une Machine qui avoit*   a *Lib.*
TROIS BASES (ou pieds) *& qui de ces trois pieds eut*   *XVI. Bi-*
le nom de TREPIED : Εἶναι δὲ τὴν μηχανὴν ΤΡΕΙΣ   *blioth. p.*
428.
ἔχουσαν ΒΑΣΕΙΣ ἀφ' ὧν αὐτὴν ΤΡΙΠΟΔΑ κλησθῆναι.
Ce qui eſt appuyé par Athenée, qui en parle ainſi :
[b] Τρίποδα δὲ τὴν ὑπόβασιν ἔχοντες, Τρίποδες ὠνομάζοντο.   b *Deipno-*
TRIPODES *autem in univerſum appellarunt, quia*   *ſoph. Lib.*
TERNIS PEDIBUS *infima pars ſuſtinebatur.* S'il eſt   *II. p. 38.*
donc certain, que le Trepied de Delphes avoit trois
baſes ou trois pieds, ni plus ni moins, il eſt juſte d'examiner ſi ces trois pieds ſe rencontrent dans notre Machine.

Je les y trouve ſans difficulté, en comptant de cette
maniére. 1. Ce que nos Interpretes ont pris juſques
ici pour des Flambeaux, ne le ſont pas, comme l'Abbé
Fabretti l'a reconnu auſſi dans ſes Corrections de notre
Marbre, inſerées [c] ci-deſſus : mais ce ſont deux pieds   c *pag. 6.*
ou baſes de notre Trepied ; & ce qu'ils ont pris pour

L

le

le pied ou la bafe de la Lettre Tautique, ou de la Croix à anfe, eft le troifiéme pied, ou la troifiéme bafe du Trepied; pour parler comme Diodore. La preuve en eft, que ces trois pieds ne finiffent pas fur les épaules, ou fur la tête du Philofophe, comme nos Interpretes l'avoient crû, mais qu'elles paffent derriére Bias jufques fur la pierre, qui fert de bafe à la Statuë. On le reconnoit aifément quand on y prend garde, & les petites bandes ou traverfes, qui joignent les jambes du Trepied, pour les tenir ferme, font affez vifibles. Les Figures des Trepieds, qu'on a vûës a ci-deffus, fur tout celle qui eft fur la Medaille d'Antinoüs, montrent les mêmes bandes ou traverfes, & éclairciffent la chofe d'une maniére inconteftable. Voilà donc la premiére & la principale difficulté levée touchant le Trepied. Le refte n'y convient pas moins bien.

2°. Ce qu'on avoit crû être le trait fuperieur de la Lettre Tautique, ou le Bras traverfant de la Croix, n'eft autre chofe que la Bordure du Baffin, fur lequel on plaçoit la Cortine: & le demi-rond, qu'on voit au deffus de cette Bordure, c'eft la Cortine même, dont j'ai parlé affez au long dans l'Article précédent. Cette obfervation peut fervir à fortifier la penfée de Mr. de Spanheim, que j'ai fuivie jufques ici, en attendant quelque chofe de plus probable. C'eft que l'Homme, que l'on voit dans ce même lieu, eft la Statuë du Philofophe Bias, natif de Priéne, & compatriote d'Archelaüs. Pour faire connoître ce Philofophe, l'Ouvrier a mis derriére lui un Trepied, à caufe du Trepied d'or trouvé par quelques Pêcheurs, dont nous avons déja parlé, & que nous repéterons ici, comme en fon lieu propre, quoi que b l'Hiftoire, d'ailleurs fort connuë, foit rapportée avec quelque diverfité. Ce Trepied ayant excité une difpute, où quelques Villes Grecques

prirent

prirent parti, le jugement de l'affaire fut remis à l'Oracle de Delphes, qui ordonna que le Trepied fut donné *au plus sage*. Sur quoi Theophraste, Disciple d'Aristote, dit, que ce Trepied fut d'abord envoyé à Bias, qui l'envoya à Thalès, que celui-ci l'envoya à un autre; & qu'ayant ainsi roulé quelque temps, il revint encore à Bias, qui l'envoya à Delphes.

De ce récit il est aisé d'inferer, qu'Archelaüs ne pouvoit pas mieux designer le Sage Bias, son Compatriote, qu'en lui donnant pour caractére, un Trepied. Mais en même temps, on peut juger, que ce Trepied n'appartient pas au Dessein general du Marbre: & qu'il n'y est en quelque maniére, que par accident. En effet, si ce Trepied y appartenoit proprement, il n'auroit pas été necessaire d'y ajoûter la Cortine, puisqu'elle a été déja représentée sous l'Antre, aux pieds d'Apollon.

3°. Ce qui a parû à nos Interprêtes l'Anse de la Croix, est une Anse du Trepied même, placée au dessus du pied ou de la jambe, que l'on voit en face: & ce que l'on avoit pris pour les flammes de deux flambeaux, mais qui ont été mal dessinées, comme l'Abbé Fabretti l'a assûré, qui les appelle *Apices tornatiles*; ce sont les deux autres anses du Trepied, dont pourtant on ne voit pas les ouvertures ou les vuides; peut-être parce qu'elles sont vûës de côté, de même que les jambes, auxquelles elles répondent; ce que le Marbre même décidera sans doute avec plus d'évidence. Ces sortes de Trepieds furent nommez anciennement *à Anses*, ou *à Oreilles*: Καὶ τȣτων ἔνιοι ὠτȣ́εντες, *Horum quidam* AURITI *sunt*, dit [a] Athenée. Homére en fait aussi mention, dans l'appareil des Funerailles de Patrocle:

a *Lib. II.*
Deipno-
soph. p.
38.

L 2

Καὶ

a *Homer.*
Il. Ψ. *v.*
264.

ᵃ Καὶ τρίποδ᾽ ὠτώεντα δύω καὶ ἐικοσίμετρον,
Et Tripodem ANSATUM duarum & viginti mensurarum.

& ailleurs :

b *Ib. v.*
513.

ᵇ Καὶ τρίποδ᾽ ὠτώεντα φέρειν
Et TRIPODA AURITUM ferre.

Cela se confirme par un grand nombre de Medailles, où l'on voit clairement ces Anses. Goltzius tout seul nous en fournit plusieurs exemples. Les deux Medailles de Crotone, que j'en ai tirées, & qui représentent des Trepieds découverts, où sans la Cortine, suffiront pour prouver la chose; car les anses y paroissent fort distinctement :

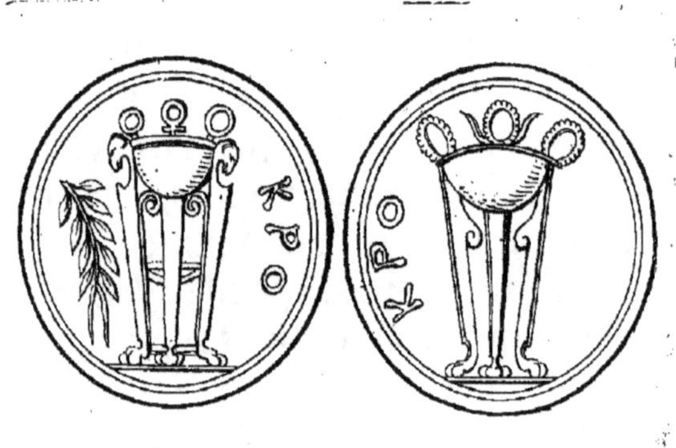

Si l'Illustre Commentateur de Callimaque avoit fait attention à cette circonstance, & aux passages d'Homere & d'Athenée, que je viens de copier, il n'auroit apparemment pas pris pour des pommes, ou pour des couronnes de Laurier, ces petits ronds, qui sont sur ces Trepieds, & qui en effet n'en sont que les anses; ni ne les auroit rapportées, comme il a fait, aux prix
pro-

propofez aux Vainqueurs dans les Jeux Pythiques : *In* *pulcherrimo nummo à Crotoniatis cufo,* a dit-il, *cum tribus* *non* coronis, *ut in alio Crotoniatarum nummo apud Golt-* *zium, fed* POMIS *defuper, noto itidem Pythiorum præ-* *mio &c.*; car ces ronds font vuides en dedans, comme des anneaux, & non pas pleins, comme ils devroient l'être, fi c'étoit des Pommes. Ceux qu'on remarque fur la feconde Medaille, font travaillez en perles ou en boutons.

^a *Obferv.* *in Calli-* *mach.* *p.* 130.

4°. La grande figure ronde qu'on voit au deffus de la tête de Bias, eft le *Crater*, ou le *Chaudron* du Tre-pied, couvert de la Cortine. Comme cet endroit du Trepied eft le plus confidérable, à caufe de l'ufage particulier qu'on en tira pour l'Oracle, dont nous par-lerons bientôt, Athenée attribua au Trepied une figure ronde, femblable à la rondeur du Monde, du Soleil, & de la Lune : ^b *Veteres*, dit-il, *qui primi humaniorem* *victum mortalibus inftituerunt , cum globofum effe Mun-* *dum arbitrarentur, ex Lunæ atque Solis figura, quæ ma-* *nifefto rotunda eft, in opinionem adductos, perpetuam in* *Orbem converfionem illius effe, ac ideo Mundo, qui omnia* *circumplectitur, æquum putaviffe fimilia multa ut fierent,* *quæ illius formæ ac fpeciei congruant. Itaque & Menfam* *fabricatam effe orbiculatam & * TRIPODAS *Diis facratos* ROTUNDOS; Καὶ τὲς Τρίποδας τὲς τοῖς θεοῖς καθαγι-ζομένας φθόεις κυκλοτερεῖς. Ce paffage d'Athenée a ap-paremment porté Mr. Hofman à dire, que le Tre-pied étoit rond, comme je l'ai remarqué ^c ci-deffus. Mais il eft conftant qu'Athenée n'entend pas ici le Tre-pied entier, dont il connoiffoit bien la forme, felon qu'il s'en explique dans un autre paffage que j'ai ^d rap-porté. Il entend feulement la partie fuperieure du Trepied, qui en étoit la principale partie. C'eft le

^b *Lib. XI.* *Deipnos.* *pag.* 489. C.

^c *pag.* 70.

^d *p.* 81.

L 3

Cra-

Crater ou le Chaudron du Trepied , couvert de la Cortine, eomme je l'ai dit. Ces deux piéces jointes ensemble repréfentent d'ailleurs la rondeur fphérique, ou le *κύκλος*, dont Pollux fait mention dans le paſſage allegué a ci-deſſus : & la piéce de deſſous, ou le Chaudron, fut appellé par les Grecs *γάςρα* ou *γάςρη*; *Alvus , Venter* , c'eſt-à-dire , le dedans ou *le ventre* du Trepied. C'eſt ce que Pollux nous aprend , en recitant les parties inferieures du Corps humain : b *Καὶ Γάςρα Τρίποδος παρ' Ὁμήρῳ*; & VENTER TRIPODIS *ſecundum Homerum.* Il en dit preſque autant, en parlant de differentes ſortes de Vaſes : c *Ὡς τὰ μέσα τῦ ἐμπύρε Τρίποδος Γάςρα κατ' Ὁμήρον.* MEDIETAS *autem* TRIPODIS *igniti* VENTER *ſecundum Homerum.* Cœlius Rhodiginus en fait à peu près le même rapport : d TRIPODIS MEDIA *Homerus vocavit* GASTERA. Les endroits d'Homere , ſur leſquels ces deux Auteurs ſe fondent , ſont apparemment les ſuivants. L'un de l'Iliade, où Homére parle en ces termes du ſoin d'Achille pour la conſervation du Corps de Patrocle après ſa mort :

a *p. 72.*

b *Lib. II. cap. 4.*

c *Lib. XIII. cap. 22.*

d *Lib. VIII. Lect. Antiq. cap. 15.*

e *Homer. Il. Σ. v. 343.*

e . . . . *Ἑτάροισιν ἐκέκλετο δῖος Ἀχιλλεὺς*
Ἀμφὶ πυρὶ ςῆσαι Τρίποδα μέγαν ὄφρα τάχιςα. . .
οἱ δὲ λοετροχόον Τρίποδ' ἵςασαν ἐν πυρὶ κηλέῳ,
Ἐν δ' ἀρ' ὕδωρ ἔχεαν, ὑπὸ δὲ ξύλα δαῖον ἑλόντες
Γάςρην μὲν Τρίποδος πῦρ ἄμφεπε, θέρμετο δ' ὕδωρ.

. . . . . *Sociis juſſit divinus Achilles*
Ad ignem ſtatuere Tripodem Magnum quam celerrimè...
Hi vero lavatorium Tripoda ſtatuerunt ad ignem ardentem,

In

In (ipfum) *autem aquam fuderunt: fubtus autem ligna
     capientes*
*VENTREM quidem TRIPODIS ignis ambiebat,
     calefiebatque aqua.*

L'autre eſt dans l'Odyſſée, où Homére ſe copie lui-
même.

[a] . . . . . 'Αρήτη δὲ μετὰ δμωῆσιν ἔειπεν
Αμφὶ πυρὶ ϛῆσαι Τρίποδα μέγαν ὅττι τάχιϛα.
Αἱ δὲ λοετροχόον Τρίποδ' ἔϛασαν ἐν πυρὶ κηλέῳ,
'Εν δ' ἀρ' ὕδωρ ἔχεαν, ὑπὸ δὲ ξύλα δαῖον ἐλᾶσαι
Γάϛρην μὲν Τρίποδος πῦρ ἄμφεπε, θέρμετο δ' ὕδωρ.

a Homer.
Odyſſ. θ.
v. 433.

. . . . *Arete autem Ancillis dixit,*
Ut ad ignem Tripodem ponerent magnum quam celerrimè;
*Hæ autem lavatorium Tripoda ſtatuerunt æd ignem ar-
     dentem,*
*Aquam vero infuderunt, ſubtus autem ligna accende-
     bant ſumpta,*
*ALVUM quidem TRIPODIS ignis circumdedit;
     calefiebat autem aqua.*

Il eſt vrai que dans ces paſſages d'Homere il n'y eſt
point parlé du Trepied de Delphes; mais d'autres Machines à trois pieds, qui ſervoient à faire chauffer de
l'eau, comme dans nos Chaudrons. Mais comme ces
Trepieds avoient la même forme que celui de Delphes,
excepté ſeulement que ce dernier ſurpaſſoit les autres
en grandeur, il y a apparence, qu'une même raiſon
fit donner aux Chaudrons de ces Trepieds le nom
de Γάϛρη ou de *Ventre.* C'eſt au moins dans un pareil ſens que Pherecrates dans [b] Athenée employe ce
mot pour deſigner le milieu large & rond d'une Cruche
b Lib. XI.
Deipnos.
p. 481.

à boià boire pour les femmes. C'étoient des Cruches peu épaisses pour la matiére, mais grandes & spacieuses pour la forme; & ainsi fort proportionnées à la soif des Dames du vieux temps :

Φασὶ δ' αὐταῖσι βαθείας κύλικας ὥσπερ ὁλκάδας
'Οιναγωγὺς περιφέρεις, λεπτὰς, μέσας γάςριδας.

Mulieribus autem profundos calices, onerariæ navi pares Quâ vinum vehitur, tenues, IN MEDIO VEN-TROSOS.

Quoi qu'il en soit, il est certain, que ce mot convient très-bien à la partie du Trepied de Delphes dont nous parlons; car à quoi peut-on mieux comparer le rond concave de cette Machine qu'à un Ventre? La figure le montre fort bien, & le bruit ou le murmure, assez commun aux Ventres du Corps humain, & qui se faisoit aussi dans celui du Trepied de Delphes, comme je le dirai bien-tôt, mettent la chose hors de doute. La ressemblance est d'autant plus juste, qu'il se trouve aussi une espece de nombril (*umbilicus*) au milieu de ce Chaudron, pour l'usage dont je parlerai ensuite. C'est peut-être de là en partie que l'endroit, où étoit placé l'Oracle de Delphes, fut appellé *Umbilicus*; nom que les anciens lui donnent, comme vous savez; je dis en partie; car l'embouchure de la caverne d'où sortoit le vent souterrain pour l'Oracle, peut aussi avoir contribué à ce nom; sans toucher à la raison fabuleuse, que les Mythographes en donnent. Il est sûr cependant, que l'Ouverture du milieu dans quelques * *Bocals* anciens fut appellée par les Grecs ὀμφαλὸς, *Umbilicus.*

---

* *Erat Vas angusto collo & pralongo ad sugendum.* Buleng. *de Conviv.* ap. *Pitiscum.*

licus. Athenée en fait mention : [a] *Afclepiades Myrlea-* a *Lib. XI.*
nus, dit-il, *libris quos fcripfit de Cratino* βαλανειομφά- *Deipnos.*
λꙋς *ait fuiffe dictas,* (Phialas) *quod eorum* UMBILICI, p. 501.
& balneorum teftudines confimiles forent. Il en rend rai- F.
fon en ces termes : [b] *Timarchus libro quarto de Eratof-* b *Ibid.*
thenis Mercurio, per jocum fictum, inquit, hanc vocem,
(βαλανειομφάλꙋς) *quifquam exiftimavit, quoniam Athe-*
nis balneorum plurima, cum CIRCULARI *figura fint,*
emiffarium IN MEDIO *habent, cui æneus* UMBILICUS
infidet : Διοτι τὰ πλεῖςα τῶν Αθήνησι βαλανειων κύκλοει-
δῆ ταῖς κατασκευαῖς ὄντα, τὰς ἐξαγωγὰς ἔχει κατὰ μέ-
σον ἐφ' ꙋ χαλκꙋς ἰμφαλὸς ἔπεςιν. Or fi ces trous dans
les Bocals anciens furent nommez *Umbilicus,* il eft
probable que le même nom peut auffi avoir été donné
à la petite Ouverture ronde qui étoit au fond du baffin
des Trepieds. Je ne fai fi quelqu'autre a fait ces obfervations avant moi ; je n'en trouve rien au moins,
dans la Differtation de Mr. Spon fur les Trepieds, ni
dans les Obfervations de Mr. de Spanheim fur Callimaque, où il traite cette matiére fort au long ; ni dans
aucun autre Ouvrage de ceux qui ont écrit fur le même fujet, & que j'ai confultez avec foin. C'eft pourtant de là que dépend la connoiffance de plufieurs circonftances confidérables touchant l'Oracle de Delphes,
dont on n'a pas encore fu rendre raifon, comme j'efpere le faire voir dans la fuite.

S E C T I O N   IV.

Obſervations particuliéres.

I. U s a g e   d u   T r e p i e d.

POur revenir au murmure qui ſe faiſoit dans le Ventre du Trepied, ſemblable à peu près à celui qu'on entend ſouvent dans nos entrailles, comme je le diſois tout à l'heure, mais bien plus fort, & plus ſurprenant; je n'ai, pour prouver la choſe, qu'à vous faire comprendre le véritable uſage du Trepied auprès de l'Oracle; Uſage dont on n'a eu juſqu'ici qu'une connoiſſance imparfaite. En general on ſavoit, que cette Machine étoit placée ſur l'Ouverture de l'Antre d'Apollon, d'où ſortoit le vent Prophetique; & qu'elle ſervoit de ſiége à la Pythie, au temps de l'Oracle; mais on ne ſavoit pas bien préciſement, en quel endroit elle étoit aſſiſe. Quelques-uns à la verité, ont voulu que ce fut ſur la Cortine, en quoi je ſuis aſſûré qu'ils avoient raiſon. Mais d'autres l'ont placée dans le Chaudron même. Le Célèbre Van Dale ſemble être du nombre de ces derniers; car dans la Taille-douce, qui ſe trouve dans ſon ſavant Ouvrage [a] *de Oraculis Véterum*, on voit la Pythie aſſiſe dans le Chaudron d'un petit Trepied. Mr. Spon en a eu [b] la même idée, ou, pour mieux dire, il n'en pouvoit pas avoir d'autre, puiſqu'il confondoit la Cortine avec le *Crater* ou le Chaudron du Trepied. Cette penſée eſt venuë apparemment de ce que pluſieurs ſe ſont imaginez, que l'eſprit d'Apollon, ou le Diable, comme ils parlent, entroit dans le corps même de cette Prêtreſſe par ſes parties inferieures, & que de cette maniére, elle recevoit

[a] *pag.* 141.

[b] *In Diſſert. de Tripod.*

voit

voit avec plus de commodité l'infpiration Divine, ou, comme ils veulent, Diabolique; opinion que Mr. Van Dale a très-folidement refutée, & dont l'abfurdité paroîtra auffi dans la fuite.

Ce n'eft pas feulement à faire affeoir la Pythie, que le Trepied étoit deftiné. Il fervoit à un ufage plus confiderable, & d'une toute autre importance que ce premier. Mais comme c'eft en ceci que confiftoit la principale partie du Myftere de cet Oracle, on ne doit pas être furpris, fi les Auteurs anciens n'en ont pas parlé fort ouvertement : & les raifons de leur filence ne font pas difficiles à deviner. Ils n'ont pourtant pas laiffé de donner à connoître, par-ci par-là, ce qui en eft. C'eft qu'il fervoit comme de bouche à Apollon, lors qu'il prononçoit les Oracles; car c'étoit Apollon même qui répondoit à ceux qui venoient le confulter; & non pas la Pythie, dont l'emploi confiftoit en toute autre chofe, comme je le dirai bien-tôt. Cette bouche d'Apollon fe trouvoit dans le Ventre du Trepied, dont le murmure étoit comme la voix: & le murmure y étoit excité par un vent qu'on pouvoit nommer l'haleine d'Apollon, & qui fortoit de la Caverne miraculeufe, comme l'appellent les Payens, lorsque le Dieu vouloit parler. Je dis lors qu'il le vouloit : car ce vent ne fouffloit que lorfque ce Dieu rendoit actuellement un Oracle; ce qu'il ne faifoit pas toûjours. L'avanture d'Appius, que [a] Lucain rapporte au long, fuffira pour nous en inftruire. Pendant que Pompée & Céfar fe faifoient la guerre, des raifons politiques, qu'il n'eft pas difficile de penétrer, avoient fermé la bouche à l'Oracle:

[a] *Lib. V. Pharfal. v. 67. feq.*

[b] *Quod SILVIT poftquam Reges timuere futura*
Et Superos vetuere loqui.

[b] *v. 113.*

Néan-

Néanmoins Appius, ami de Pompée, fit ouvrir les por-
tes du Temple de Delphes, qui étoit fermé :

a v. 69.   . . . . . *a MULTOSque obducta per ANNOS*
Delphica Fatidici referat penetralia Templi.

Et força l'Oracle de parler, malgré les divers artifices
de la Prêtresse, qui pour le détourner de son dessein,
lui disoit entre autres choses :

> . . . . . *MUTO Parnaßus hiatu*
> *CONTICUIT, preßitque Deum : seu Spiritus istas*
> *Destituit Fauces* . . . . .
> . . . . *seu sponte Deorum*
> *Cirrha silet.* . . . . .
> *Seu Pæan solitus Templis arcere nocentes*
> *ORA quibus solvat, nostro non invenit ævo.*

Quelques Interpretes de Lucain ont crû, que dans ce
dernier vers la Prêtresse avoit voulu dire, qu'Apollon
ne trouvoit personne, de *la bouche* de qui il pût se servir pour répondre. Mais il est bien plus naturel, qu'elle ait voulu dire, qu'Apollon ne trouvoit personne, en
faveur de qui il voulût *ouvrir sa bouche.* C'est ainsi que
l'a entendu Mr. de Brebœuf, qui a traduit les deux
derniers vers, par ces deux autres :

> *Soit enfin que la Terre ait rebuté les Dieux,*
> *Ils n'ont plus de Science ou de BOUCHE en ces lieux.*

Et ce qui confirme cette explication , c'est qu'après
que la Prêtresse forcée par les menaces d'Appius, eut
répondu à une partie de sa demande, le Poëte ajoûte,
qu'Apollon supprima le reste, & *ferma la bouche.*

Cæte-

^a*Cætera suppreſſit FAVCESque OBSTRVXIT Apollo.*   ^a *Luc. Lib. V. v.* 197.

Pour mieux concevoir la choſe, faites attention à ce que j'ai dit ci-deſſus touchant le *Crater* ou le Baſſin du Trepied, & la Cortine ou ſon Couvercle. Etant joints enſemble ils formoient en dedans une concavité Sphérique. D'ailleurs ils étoient faits d'une matiére très-ſonore; comme Mr. Spon l'a dit expreſſément du Baſſin, auquel il ne faut pas douter que la Cortine ne reſſemblât. Cela étant, il eſt aiſé de comprendre que le vent ſouterrain, qui entroit avec vehémence dans ce concave rond, par le trou d'enbas, que je viens de nommer le nombril, y excitoit, ou une eſpéce de murmure, ou un plus grand bruit, qui imitoit même en quelque façon celui du tonnerre; ſuivant la force avec laquelle le vent ſouffloit. Juſtin l'Hiſtorien parle de ce Vent ſouterrain: ^b*In hoc rupis anfraĉtu*, dit-il, *media ferme montis altitudine, planicies exigua eſt, atque in ea* PROFUNDUM *terræ* FORAMEN, *quod* IN ORACULA *patet. Ex eo frigidus Spiritus* VI QUADAM *velut* VENTO *in ſublime expulſus, mentes Vatum in vecordiam vertit.* Ce vent étoit quelquefois ſi violent, qu'il ébranloit & le Temple & la Montagne; s'il n'y a point d'exageration dans ce paſſage de Virgile, que j'ai rapporté ^c ci-deſſus.   ^b *Lib. XXIV. cap.* 6.

^c *pag.* 70.

. . . . . *TREMERE omnia viſa repente Liminaque Lauruſque Dei, totuſque MOVERI MONS circum, & MVGIRE adytis CORTINA recluſis.*

Ce même vent, qui faiſoit trembler tout ce qui étoit autour de la Caverne, formoit en même temps une eſpéce

péce de *mugißement dans la Concavité de la Cortine :* &
c'eſt ce mugiſſement, ou ce murmure de la Cortine,
cauſé par le Vent ſouterrain de l'Antre que les anciens
ont appellé *la voix d'Apollon.* C'eſt auſſi par une imitation de cet uſage, que Lucain donne une parole à
ce Vent :

a v. 82.   *a Ut vidit Pæan vaſtos telluris hiatus*
Divinam ſpirare fidem, VENTOSque LOQUACES
Exhalare ſolum . . . .

La violence de ce vent peut d'ailleurs avoir fourni la
veritable raiſon, pourquoi on plaçoit la Pythie au haut
du Trepied, & ſur la Cortine. Car comme la Cortine
n'étoit pas tant employée pour couvrir le Baſſin, que
pour former le ſon dans le Ventre du Trepied, il étoit
neceſſaire qu'il y eût quelqu'un au deſſus, pour empêcher, que la force du vent n'emportât la Cortine, ou
ne la jettât à terre. Il eſt même probable, que la Pythie avoit ſoin en même temps de modifier le bruit,
qu'on formoït dans le vuide du Trepied, pour le faire
reſſembler en quelque maniére aux mots, qu'on vouloit qu'Apollon prononçàt ; car j'avouë que je ne vois
pas qu'on puiſſe reſiſter de bonne foi, aux raiſons, par
leſquelles Mr. Van Dale a prouvé, que tout ce manége
des Oracles du Paganiſme, n'étoit qu'une fourberie
des Prêtres, pour profiter de la credulité des peuples :
& je ſuis encore plus fortifié dans ce ſentiment, depuis
que j'ai compris le veritable uſage du Trepied de Delphes, qui découvre la fourberie d'une maniére mani-
feſte. Toûjours eſt-il ſûr, qu'il y avoit du mouvement
dans le Trepied quand le vent ſouffloit : ce qui paroît
clairement par l'endroit de Lucain, où il parle de la
Pythie qui tâchoit de tromper Appius, & où l'on verra

en

en même temps quelques autres circonſtances de l'O-
racle, conformes à l'idée que j'en ai donnée.   Voici
l'endroit de Lucain :

a . . . . . *Deum ſimulans , (Pythia) ſub pectore ficta quieto*   a *V.* 142.
.*Verba refert , nullo CONFVSÆ MVRMVRE*   Lib. *V.*
    VOCIS
Inſtinctam ſacro mentem teſtata furore,
Haud æque læſura Ducem, cui falſa canebat,
Quam Tripodas, Phœbique fidem. Non RVPTA TRE-
    MENTI
VERBA SONO, nec VOX ANTRI COMPLERE
    CAPACIS
SVFFICIENS SPATIVM, nulloque horrore comarum
Excuſſæ Laurus, immotaque culmina Templi,
Securumque Nemus, veritam ſe credere Phœbo
Prodiderant. Sentit TRIPODAS CESSARE fu-
    rensque
Appius. . . . .

Ces derniéres paroles doivent être entenduës , ou du
bruit qui ſe faiſoit immanquablement dans le Ventre du
Trépied , quand le vent ſouffloit , & y entroit par le
trou d'en bas; ou du mouvement ſenſible, que ce vent
donnoit à la Cortine, en ſortant par l'eſpace qui la joi-
gnoit au Baſſin, & faiſant un bruit, ou un ſon ſemblable
au mugiſſement d'un bœuf.   Peut-être auſſi que ce ſon
étoit encore animé ou augmenté par quelque reſſort,
ou autre invention cachée dans la concavité du Trépied, & que la Pythie ſavoit gouverner, comme elle
vouloit.   Le Scholiaſte de Gregoire de Nazianze, cité
par b Mr. Van Dale, ſemble appuyer cette conjectu-   b *Diſſ. De*
re, quand il dit que dans le Bocal, (Φιάλη) c'eſt-à-   *Orac.*
dire dans le Baſſin, ou dans le Ventre du Trépied, il   *pag.* 156.
                                                    y a-

y avoit de certaines Piéces Divinatoires (ψῆφοι μαντικαὶ) qui étoient mises en mouvement, dans le temps qu'on consultoit l'Oracle : ἐν τούτῳ τῷ ἱερῷ ἦν ὁ Τρίπυς, καὶ αἱ ψῆφοι αἱ μαντικαὶ. Καὶ αἱ μὲν μαντικαὶ ψῆφοι ἦσαν ἐν τῇ φιάλῃ τῦ τρίποδος. ἡνίκα ἓν ὁ μαντευόμενος ἐρώτα περὶ τῆς μαντείας, αἱ ψῆφοι ἤλλοντο καὶ ἐκινῦντο ἐν τῇ φιάλῃ. τότε ἓν ἡ Πυθία ἐνεφορεῖτο, καὶ ἔλεγεν ἃ ἤθελεν ὁ Ἀπόλλων. Ce que Mr. Van Dale traduit en Latin en ces termes. *Et erant hæ sortes Divinatoriæ IN PHIALA TRIPODIS. Quando igitur ille, qui ad Oraculum consulendum advenerat, interrogationes suas institueret, SORTES ILLAE IN PHIALA AGITABANTUR ET MOVEBANTUR: ac tunc Pythia implebatur, & proferebat illa quæ volebat Apollo.*

Pour former un son penétrant, la matiére du Bassin & de la Cortine, ne devoit pas être plus épaisse que celle de nos Chaudrons ordinaires. Il y a même apparence, qu'elle l'étoit un peu moins, si l'on peut juger du Trépied de Delphes, par celui de Mr. de Peiresc, dont Mr. Spon décrit le Bassin de cette maniére : ^a *Est Crater hic ita tenuis & subtilis, ut vix chartæ Pergamenæ crassitudinem æquet, sonumque ederet acutissimum, nisi ærugo à vetustate contracta eam hinc inde perforasset fidissetque; siquidem alter ejusdem magnitudinis, proportionis & materiæ, quem confici curavimus, peracutum & admodum penetrantem sonum edidit.* Mais aussi il n'étoit pas possible qu'une machine si deliée soûtint long-temps la violence du vent dont j'ai parlé, & le poids de la Pythie, qui devoit s'asseoir dessus. Il falloit donc les renouveller de temps en temps: & cette necessité fournissoit aux Princes une occasion favorable d'exercer leur liberalité envers ce sacré lieu,

en

a In Dissert. de Tripod.

en y dediant de femblables machines. Ce qui n'étoit pas peu de chofe ; vû que ces préfents étoient le plus fouvent d'or maffif. C'étoit en même temps un moyen aifé d'acquerir des richeffes pour le Temple , & pour ceux qui y étoient employez. Sur ce pied-là il fera fort aifé d'entendre le paffage de Suetone , rapporté a ci-deffus , où il eft dit, qu'Augufte après avoir fait fondre toutes les Statuës d'argent, qui avoient été érigées à fon honneur , ordonna d'en faire des Córtines d'or pour les dedier à Apollon : *Argenteas Statuas , olim fibi pofitas , conflavit omnes , ex quibus* AUREAS COR-TINAS APOLLINI DEDICAVIT. Si le bruit de cet-te Machine étoit grand , il eft à prefumer , que le mur-mure , ou les paroles , qui en fortoient , ne pouvoient être que confufes & peu intelligibles. C'eft auffi ce que Mr. Van Dale nous a appris par un paffage qu'il a b cité de Nonnus, Commentateur de Gregoire de Nazianze. Car dans ce paffage Nonnus attribuë à Apollon *une voix inar-ticulée.* Voici fes termes : Δεῖ δὲ νομίζειν, εἶναι τὸν ἀνδρί-αντα ἐν Δελφοῖς, καὶ αὐτὸν φωνὴν ἄναρθρον ἀποπέμνοντα. *Exiftimandum vero eft , Statuam in Delphis , etiam ip-fam* VOCEM INARTICULATAM *edere.* Il eft vrai que Nonnus s'eft trompé dans fa conjecture , en attribuant cette voix confufe à une Statuë d'Apollon , qu'il ju-geoit avoir été au Temple de Delphes , fans l'avoir vûë. *Il faut croire* , dit-il , (δεῖ δὲ νομίζειν) *qu'il y avoit quel-que Statuë* &c. au lieu que cette voix inarticulée ve-noit du Trepied. Mais il n'en eft pas moins croyable pour la voix même, que tout le monde pouvoit enten-dre ; & fi c'eft lui qui eft l'Auteur du Livre des *Dieny-fiaques*, comme quelques c uns le croyent , il s'eft ex-pliqué là-deffus d'une maniére qui a donné beaucoup de peine aux Interpretes & aux autres Savans , qui ont trai

a p. 76.

b De Orac. p. 155.

c Guil. Cave, Oudin. &c.

N   té

té ce sujet ; mais qui est decisive pour mes hypotheses, & seule capable de les établir. Le passage se trouve à l'endroit où il parle de l'Oracle d'Apollon, que ᵃCadmus alloit consulter, & est conçû en ces termes:

Δελφὸν ἀσιγήτοιο μεσόμφαλον Ἄξονα Πυθῆς

Μαντοσύνην ἐρέεινε, καὶ ἔμπνοα Πύθιος ἄξων

Κύκλον ἐπ᾽ αὐτοβόητον ἐθέσπισε κοιλάδι φωνῇ.

Delphicum NON SILENTIS MEDIUM AXEM PYTHII.

Vaticinium interrogavit. Et spirantia Pythius Axis CIRCULUM SUPER PER SE SONANTEM divinatus est VOCE CONCAVA.

Ce passage s'accorde parfaitement avec mes idées. 1º. On y voit d'abord Apollon *qui parle*, (ἀσίγητος) comme le même Nonnus dit ᵇ ailleurs ἀσίγητοι βίβλιοι *des Livres qui parlent*, ἀσίγητος θάλασσα, *la mer qui fait du bruit*. 2º. *Le Nombril du milieu*, (μεσόμφαλον) savoir le trou au fond du Bassin, comme je l'ai expliqué ᶜ ci-dessus. 3º. Ce Nombril est comme un dès Poles de l'*Axe*, c'est-à-dire, de la ligne droite que décrit d'abord le vent, en entrant par ce nombril, d'où il va frapper le plus haut de la Cortine. 4º. *Le Cercle*, (κύκλος) que Pollux appelle de même, c'est celui par où la Cortine touche immédiatement le Bassin. 5º. Ce même Cercle (αὐτοβόητον) *sonne*, ou *parle de lui-même*; parce que la cause de ce son étoit inconnuë à ceux qui venoient consulter l'Oracle. Nonnus fait encore mention de ce son dans un autre ᵈ endroit, en parlant de la Pythie & du Trepied en ces termes:

Πυ-

Πυθιὰς ὀμφήεσσα θεηγόρος ἔκλαγε πέτρη
Καὶ Τρίπυς αὐτοβόητος.

Pythia vocalis divina planxit petra
ET TRIPVS PER SE SONANS.

6°. Enfin l'Oracle répondoit (κοιλάδι Φωνῇ) par une *voix* qui fortoit de *la Concavité* du Trepied, fermée par la Cortine placée fur le Baffin. Ces deux derniéres circonftances meritent une attention particuliére : & fi quelqu'un peut expliquer d'une maniére plus naturelle ce Paffage, & les autres que j'ai rapportez, je lui en céde la gloire avec plaifir. Il me femble, au moins, que ce que j'en ai dit jufqu'ici, fuffit pour faire comprendre les principaux refforts qui faifoient jouër cet Oracle ; malgré les précautions fcrupuleufes de la plûpart des anciens Auteurs, pour nous en cacher le myftére.

Avant que de finir cet Article, il faut faire quelque reflexion fur la grandeur du Trepied, tel qu'il eft repréfenté fur le Marbre. Sa hauteur me furprit auffitôt que je l'obfervai, & me fit craindre que l'Ouvrier Archelaüs n'eût fait ici une faute contre les regles de fon art, touchant la proportion des chofes qu'on veut repréfenter, & dont j'ai eu lieu de parler ᵃ ci-deffus. ᵃ *pag.* 66. Mais après avoir examiné la chofe, je fuis revenu de ma furprife, & au lieu d'une bevûë, comme elle me paroiffoit, j'ai trouvé que c'eft ici une nouvelle preuve de l'habileté de notre Sculpteur, qu'il a fait fi bien paroître dans le refte du Marbre ; car la hauteur du Trepied fe recueille des expreffions des Anciens, quand ils parlent de la Pythie, qui fe prépare à faire fa fonction fur le Trepied : ils difent ordinairement qu'elle y *montoit*. Diodore le dit plufieurs fois dans l'endroit où il

rap-

rapporte la prise du Temple de Delphes par Philoméle,
Chef des Phocéens, qui donna lieu à la *Guerre* qu'on
nomma *Sacrée*. D'abord Diodore dit, [a] que Philomele *contraignit la Pythie de* MONTER SUR LE TRE-
PIED, *pour lui donner une Réponse de l'Oracle*: Τὴν
Πυθίαν ἠνάγκασεν ἀναβᾶσαν ἐπὶ τὸν Τρίποδα δοῦναι τὸν
χρησμόν. Ensuite racontant l'Origine fabuleuse de
l'Oracle, il dit: [b] ταύτῃ δὲ κατασκευασθῆναι μηχανὴν
ἐφ' ἣν ἀναβαίνουσαν, ἀσφαλῶς ἐνθουσιάζειν, καὶ μαν-
τεύεσθαι τοῖς βουλομένοις. Εἶναι δὲ τὴν μηχανὴν τρεῖς ἐχου-
σαν βάσεις. *Isti vero* (Pythiæ) *fabricatam fuisse machinam*, IN QUAM ILLA ADSCENDENS, *tuto ac sine
periculo enthusiasmo afficeretur, ac vaticinaretur volenti-
bus. Habere autem Machinam illam tres pedes.* Enfin
revenant à Philomele, il dit, [c] *qu'ayant menacé la Pythie, il la contraignit de* MONTER SUR LE TREPIED.
διηπειλήσατο καὶ συνηνάγκασε τὴν ἀνάβασιν ποιεῖσθαι
ἐπὶ τὸν τρίποδα. Strabon [d] dit tout de même dans un
passage que je rapporterai bien-tôt, que la Pythie MON-
TOIT *sur le Trepied:* & il dit de plus, *que ce Trepied étoit* HAUT. ὑπέρκεισθαι δὲ τῷ στομίῳ τρίποδα
ὑψηλὸν, ἐφ' ὃν τὴν Πυθίαν ἀναβαίνουσαν. Nous avons
donc sur ce Marbre un bon exemple, ou un modele,
& le seul que je sache, de la juste hauteur du Trepied, dont on ne s'est pas encore pû former une idée
exacte: & cette Observation pourra être de quelque
utilité aux Curieux du Dessein, lorsqu'il s'agira de représenter le Trepied de Delphes dans leurs Tableaux,
pour lui donner la hauteur qu'il doit avoir, sans le
faire plus petit qu'il ne faut, comme il arrive ordinairement. Le Graveur qui a fait les tailles-douces du
Li-

a *Diod.
Sic. Lib.
XVI. Cap.
25. fine.*

b *Cap.* 26.

c *Cap.* 27.

d *Strab.
Lib. IX.
p.* 419.

Livre de Mr. Van Dale ª *de Oraculis Veterum* , faute ª*pag.*140.
de favoir cette proportion a repréfenté le Trepied de
Delphes de plus d'un tiers plus petit qu'il ne devroit
être. Il fe trouve beaucoup d'autres exemples de même nature , que je me difpenfe de rapporter. Mais il
faut remarquer, que je parle feulement ici de la proportion du Trepied pour fa hauteur., & non pas pour
fa largeur , qui me femble affez mal repréfentée fur
notre Marbre. Cela eft au moins contraire à l'ufage auquel cette Machine fervoit , & peu conforme
aux Deffeins des Trepieds qu'on voit fur les Medailles &
fur d'autres Monumens anciens; où cette Machine eft
par tout bien large & foutenuë par des pieds forts &
folides. C'eft fans doute encore ici une des fautes du
Copifte de ce Marbre, qui a mal deffiné cet endroit
fur l'original. Ce que j'aimerois mieux croire que d'im-
puter une pareille faute à Archelaüs, qui a fi bien
montré fon habileté par tout ailleurs. Mais il eft temps
de quitter enfin le Trepied , qui m'a tenu plus long-
temps que je ne croyois. A fon occafion je me flatte
d'avoir éclairci quelques points importans & curieux
touchant l'Oracle de Delphes, dont on n'avoit pas encore une connoiffance diftincte. Sur tout je crois a-
voir montré clairement, que rien de tout ce que les
Illuftres Interpretes de notre Marbre ont crû voir derriére l'Homme en manteau, ne s'y trouve ; mais bien
un Trepied, & un Trepied entier, couvert de fa Cortine , de la maniére que d'anciens Auteurs le décri-
vent , & que les exemples en Medailles , rapportées
ci-deffus, nous le mettent devant les yeux.

II. LES ENGASTRIMYTHES.

Les reflexions que j'ai faites jufques ici fur le Tre-
N 3 pied

pied de Delphes, & fur fon ufage, m'ont conduit infenfiblement à une nouvelle Conjecture, par laquelle j'efpere pouvoir debrouiller les difputes & les embarras des Savans touchant les *Engaftrimythes*, dont il eft parlé dans les anciens Auteurs facrez & profanes. On convient en general que les a *Engaftrimythes*, ou *Parleurs du Ventre*, étoient des Gens qui fe mêloient de predire l'avenir : Mais on ne convient ni des perfonnes qui faifoient cette profeffion, ni de la maniére dont ils la faifoient.

La plûpart du monde croit que c'étoit des Gens qui avoient la faculté de parler du Ventre ; ou de former des paroles, qui fembloient fortir de leur Ventre, ou même de quelque endroit éloigné. On allégue à ce fujet quelques exemples rapportez par b Jean Brodeau, par c Edmond Dickinfon & par d d'autres. Mais fans contefter ces exemples, qui doivent être fort fufpects ; a-t-on jamais lû que les Anciens euffent quelque methode pour enfeigner à d'autres cet artifice, ou communiquer cette adreffe ? C'eft pourtant ce qui auroit été neceffaire, pour ne pas courir rifque de manquer de ces fortes de gens, lorfque quelqu'un d'eux viendroit à mourir. L'on eft d'autant plus en droit d'en demander des preuves, tirées des anciens Auteurs, que cette idée ne s'accorde point avec les reflexions que quelques-uns d'entre eux ont faites. Par exemple Plutarque traite d'abfurde, de puerile & d'injurieufe à la Divinité, l'opinion de ceux qui veulent, que Dieu entre dans le corps des Engaftrimythes, & qu'il parle par leur bouche. Εὔηθες γὰρ ἐςὶ, e dit-il, καὶ παιδικὸν κομιδῇ τὸ οἴεσθαι τὸν Θεὸν αὐτὸν, ὥσπερ τοῖς Ἐγγαςριμύθοις, Εὐρυκλέας πάλαι, νυνὶ Πύθωνας προσαγορευομένοις, ἐνδυόμενον εἰς τὰ σώματα τῶν Προφητῶν, ὑποφθέγγεσθαι, τοῖς ἐκείνων

a *Vid. Selden. de Diis Syris p. 120. Ed. Lipf. & Addit. Andr. Bayeri p. 208. feq. Vid. L. Allatii Syntagm. de Engaftrimytho.*
b *Mifcell. Lib. VIII.*
c *Delph. Phœnic. cap. IX.*
d *Vid. Allatii Synt. de Engaftrim. cap. IV.*
e *Plutarch Defect. Orac. p. 414.*

νων ςόμασι, καὶ φωναῖς χρώμενον ὀργάνοις. Καταμιγνὺς ἀνθρωπίναις χρείαις ὁ φείδεται τῆς σεμνότητος, ἐδὲ τηρεῖ τὸ ἀξίωμα καὶ τὸ μέγεθος αὐτὸ τῆς ἀρετῆς. *Est enim nimis quam* PUERILE *&* FATUUM *opinari, ipsum* DEUM IN CORPORA VATUM, *quos olim* ENGASTRI-MYTHOS, *Eurycleas nunc* PYTHONAS *nominant,* SE IMMITTERE, *eorumque ore loqui, & voce pro instrumento uti. Qui enim Deum humanis immiscet necessitatibus, is majestati ejus non parcit, neque dignitatem & magnitudinem potestatis ejus conservat.* Ce passage est assez clair : & quoi qu'après le mot de *Eurycleas,* Xylander ait ajouté ceux-ci dans sa traduction : *quod è ventre sermonem fatidicum promerent* ; on n'a qu'à jetter les yeux sur le Grec, pour voir que Plutarque ne dit point cela, mais seulement, que le Dieu se servoit *de la bouche & de la voix* des Engastrimythes, *après être entré dans leurs corps.*

Deux célébres Savans, *Hermolaus Barbarus,* & *Gerard Jean Vossius,* ont un peu plus approché de la verité. Ils ont crû tous deux que les Engastrimythes étoient des Gens, qui se servoient de certains vases de verre ou d'autre matiére, nommez γάςραι, par lesquels ils prédisoient l'avenir : [a] *Hermolaus Barbarus,* dit [b] Leon Allatius, *scribit se arbitrari, eos qui in Vaticiniis Pelvibus utuntur, dici à Græcis Engastrimantes, quæ vox ab Engastrimytho non ita disparatur, quoniam* γάςρη GENUS SIT VASIS, *cujus formam alii aliter accipiunt.* Et *Maimonides* ayant dit dans son Traité de [c] l'Idolatrie : *Sunt inter Divinatores qui utuntur arenâ vel lapidibus... alii speculum ferreum vel* VITREUM VAS *inspiciunt* ; Vossius y a ajouté cette Note : γάςρομαντεία *hæc nuncupatur : nempe* ἀπὸ τῆς

γάςρης,

[a] *Correct. Plin.*

[b] *Syntagm. De Engastrimytho p. 422.*

[c] *Cap. XI. Sect. 7.*

γάςρης, VASE VITREO AC VENTRICOSO. Mais comme ces Savans Hommes n'appuyent leur fentiment fur aucune autorité ancienne ; qu'ils n'alleguent pas même un feul exemple d'un Vafe appellé autrefois γάςρη, ce qui auroit été pourtant très-neceffaire, on ne doit pas s'étonner, fi ceux, qui font venus après eux, n'ont pû s'accommoder de cette penfée; comme eux mêmes n'avoient pû goûter le fentiment reçû jufqu'alors. En cela je trouve qu'ils avoient également raifon ; puifque ni les uns, ni les autres n'avoient allegué aucune preuve : & par cette même raifon j'ai lieu de croire, qu'on recevra plus favorablement ma conjecture ; puifque j'efpere de la fonder fur des preuves, au moins vrai-femblables.

a p. 86. seq. J'ai prouvé a ci-deffus par diverfes autoritez, que le dedans du Trepied s'appelloit γάςρη ou γάςρα, le *Ventre*. J'ai auffi prouvé, que c'eft de ce *Ventre* que fortoit la voix confufe, qu'on faifoit paffer pour la voix d'Apollon, ou de l'Oracle. Enfin tout le monde fait, que le mot Grec μῦθος, qui fignifie ordinairement *une fable*, fe prend fouvent pour *un Difcours* en general. Allatius confirme la chofe par plufieurs exemples, dans fon Traité b *de Engaftrimytho :* μῦθος,

b Cap. I. p. 419. dit-il, *& pro fermone vero & collocutione, five loquela, qua duo vel plures inter fe oratione conferunt, & confabulantur, accipitur. Plato lib. 6. de Legibus :* μῦθον μυθεῖσθαι *dixit, pro* λέγειν. *Homerus Iliados A.* Κρατερὸν δ' ἐπὶ μῦθον ἔτελλε. *&:* ἔδδεισεν δ' ὁ γέρων, καὶ ἐπείθετο μύθῳ. *&:* κέλεαί με διϊ φίλε μυθήσασθαι *&c.* Henri Etienne en fournit beaucoup d'autres exemples

c Tom. II. p. 982. dans fon c *Thefaurus Linguæ Græcæ*, au mot μῦθος,

qui

qui ne laiſſent aucun doute. N'y en a-t-il pas aſſez pour juger qu'un *Engaſtrimythe* étoit un Homme *qui recitoit*, ou *expliquoit* plus diſtinctement, ce qui avoit été dit par le *Ventre* du Trepied d'une maniére plus confuſe? Je crois donc, que c'eſt en cela que conſiſtoit la fonction des Engaſtrimythes. C'étoient de vrais Interpretes d'Apollon: Gens abſolument neceſſaires; puis que la Voix du Trepied n'étoit pas aſſez articulée pour être entenduë ſans Interprete.

Au commencement c'étoient des Femmes qu'on chargeoit de ce Miniſtére : & la Pythie étoit *Engaſtrimythenée*, s'il m'eſt permis de parler ainſi. Je n'ignore pas, que Mr. Van Dale ſemble dire le contraire, dans ſes [a] *Diſſertations ſur les Oracles*, où il renvoye à ſon Traité *De Divinationibus Judæorum Idololatricis*, que je n'ai pas vû. Mais il eſt conſtant qu'on doit, au moins, mettre de ce nombre Phemonoë la plus ancienne Prêtreſſe d'Apollon, de même qu'une autre Phemonoë, dont parle Lucain dans l'Hiſtoire d'Appius que j'ai [b] rapportée : puiſqu'elles ont été employées toutes deux à expliquer la Réponſe de l'Oracle ; & même qu'elles l'ont fait en vers Hexamétres. Pauſanias le [c] dit de la plus ancienne : Μεγίςη δὲ καὶ παρὰ πλείςων ἐς Φημονόην δόξα ἐςὶν, ὡς Πρόμαντις γένοιτο ἡ Φημονόη τȣ̃ Θεȣ̃ πρώτη τὸ ἐξάμετρον ἦσε. *Maxima vero fuit nominis celebritate Phemonoë, ut quæ* DEI INTERPRES *prima fuerit, prima etiam* SENARIIS VERSIBUS *Oracula decantarit* : & un peu après [d] il rapporte une Réponſe de cette même Prêtreſſe, en trois vers Hexamétres, que j'ajoûte:

᾿Αγχȣ̃ δὴ βαρὺν ἰὸν ἐπ' ἀνέρι Φοῖβος ἐφήσει
Σίντῃ Παρνησσοῖο. Φόνȣ δὲ Κρήσιοι ἄνδρες.

a *pag.* 153.

b *pag.* 91.

c *Lib.* X. *p.* 809.

d *pag.* 812.

O

Χεῖρας

Χεῖρας ἁγιςεύωσι, τὸ δὲ κλέος ἔ ποτ᾽ ὀλεῖται.

Phœbi miſſa manu ſternet lethalis arundo
Parnaſſi Vaſtatorem. Tunc cæde piabunt
Hunc Cretes; facti nec fama abolebitur unquam.

Lucain fait la même choſe pour la ſeconde.

a Phœmonoën errore vagam, curiſque vacantem
Corripuit (Appius) cogitque fores irrumpere Templi…
. . . . Sic pleno laborat
Phœmonoë Phœbo. . . . . .
Extremæque ſonant domitâ jam Virgine voces:
,, Effugis ingentes, tanti diſcriminis expers
,, Bellorum, Romane, minas : ſolusque quietem
,, Euboici vaſtâ lateris convalle tenebis.
Cætera ſuppreſſit, faucesque obſtruxit Apollo.

Or ſi l'une & l'autre Phemonoë ont interpreté en vers l'Oracle prononcé par la bouche d'Apollon, dans le Ventre du Trepied, elles ont été de veritables Engaſtrimythes. Je trouve auſſi un paſſage dans b Euripide, où la Prêtreſſe d'Apollon eſt repréſentée aſſiſe ſur le Trepied, & chantant (en vers ſans doute) l'Oracle qu'Apollon avoit prononcé d'une voix bruyante:

Θάσσει δὲ γυνὴ Τρίποδα ζάθεον
Δελφὶς ἀείδεσ᾽ Ἕλλησι βοὰς
Ἃς ἂν Ἀπόλλων κελαδήσῃ.

Mulier vero ſedet ſupra ſacrum Tripodem
Delphica CANENS Græcis Oracula,
Quæ APOLLO IPSI SONORE EFFA-
TUS FUERIT.

Di-

Difons quelque chofe de plus. Il eft apparent que ces Prêtreffes ont été les prémiers Engaftrimythes, & qu'elles ont fait ce mêtier long temps., avant qu'on y employât des hommes. Car dans le vieux temps, quand l'Oracle n'étoit pas encore fort riche, on étoit fans doute obligé de ménager la dépenfe : l'Oracle n'ayant pas affez de revenu pour entretenir beaucoup de monde; Ainfi une feule femme fervoit à ménager le fon du Trepied, & à expliquer l'Oracle : comme dans les petites Villes, une feule perfonne fait plufieurs mêtiers; au lieu que dans les grandes, un même mêtier a plufieurs parties, qui font fubfifter plufieurs perfonnes. Diodore de Sicile [a] parle uniquement de la Pythie, qui expliquoit l'Oracle, & [b] Paufanias dit clairement, que l'ancienne tradition vouloit que les feules femmes étoient autrefois les Interpretes de l'Oracle : Οὐ μέν τοι τά γε ἥκοντα ἐς μνήμην ἐς ἄλλον τινὰ, ἐς δὲ γυναικῶν μαντείαν ἀνῆκει μόνων. *Communis tamen hominum opinio, prifcæ memoriæ auctoritatem fecuta,* SOLAS *agnofcit* MULIERES ORACULORUM INTERPRETES.

    On m'objectera peut-être, avec Mr. Van Dale, qu'il ne femble pas croyable, que la Pythie eût pû faire cette fonction, à caufe des cris furieux qu'elle faifoit dans le temps qu'elle étoit affife fur le Trepied, comme les Auteurs le confirment unanimément; & qu'il n'eft pas apparent, qu'on eût pû comprendre alors ce qu'elle difoit. Voici ce qu'en rapporte Lucain :

> *Pectore bacchatur demens. . . .*
> *Spumea tunc primum rabies vefana per ora*
> *Effluit, & gemitus, & anhelo clara meatu*
> *Murmura: tunc mœftus vaftis ululatus in antris*
> *Extremæque fonant, domitâ jam Virgine voces.*

a Lib. XVI. Bibl.
b Lib. X. p. 810.

O 2

Je

Je ne veux pas répondre que cette fureur eſt exagge-
rée, ou même qu'elle étoit feinte, comme bien des
gens le croyent, & comme je le crois auſſi. Je veux
que cette agitation ait été réelle; & j'avouë, ſans difficulté, qu'à la rigueur, je n'y vois rien d'impoſſible.
La force du vent ſouterrain, & le bruit horrible qu'il
faiſoit dans le ventre du Trepied, pouvoit bien cauſer
quelque étourdiſſement, & même une eſpéce de fureur
à la Pythie : ſur tout s'il eſt vrai, comme on le dit,
que ce vent fît trembler & le Temple & la Montagne.
Au moins c'eſt la penſée de Mr. Spon, que je ne veux
pas contredire ſans neceſſité : *Veriſimile*, ᵃ dit-il, *vide-*
tur, hoc ſono Pythoniſſas in furorem actas fuiſſe, ſicut in
Bacchi Orgiis Cymbalorum tinnitus Bacchantes & Tigri-
des commovebat, & furentes reddebat.

    Je réponds donc, ce qui, ce me ſemble, doit venir
dans l'eſprit de tout le monde; c'eſt que la Pythie ne
prononçoit l'Interpretation de l'Oracle, que quand ſon
agitation étoit paſſée, & le bruit du vent appaiſé.
Car quelle apparence que pendant le tintamarre du
vent, des cris, des hurlemens, qui ne manquoient pas
de retentir furieuſement dans le Temple, la Pythie
aît pû prononcer des vers, que ceux qui conſultoient
l'Oracle euſſent pû entendre ? Au fond, il faut bien
qu'il fut poſſible, que la Pythie interpretât l'Oracle;
puiſqu'elle l'a fait effectivement, comme il paroît par
l'exemple de deux Phemonoës que j'ai allegué, &
par d'autres que j'ai paſſez ſous ſilence. Mais pourtant on doit remarquer, que Lucain ne fait prononcer l'Oracle à la Pythie, qu'après que ſon agitation
fut appaiſée :

EXTREMÆque ſonant DOMITA JAM
    VIRGINE voces;

dont

ᵃ *Diſſ. de*
Tripod.

dont je ne puis m'empêcher de rapporter encore la traduction de Mr. de Brebœuf; parce qu'il est fort bien
entré dans la pensée de son Auteur :

> *Alors d'un ton PLUS FOIBLE, & d'un SOM-*
>   *BRE langage,*
> *La Paix t'attend, dit-elle, &c.*

En effet Virgile appelle Neptune [a] *Domitor Maris,*
parce qu'il *appaise la mer*, quand il veut : & pour dire
que le Miel tempere, ou modere l'âpreté du vin,
[b] il dit :

> *Dulcia mella. . . . durum Bacchi DOMITURA*
>   *saporem.*

D'où je conclus, que non seulement la Pythie a été en
état de faire la fonction, à laquelle elle étoit principalement employée, qui étoit de gouverner la Cortine
sur le Trepied, & contribuer par ses cris, & par ses
grimaces à l'épouvante des Consulteurs ; mais aussi
qu'elle a pû servir d'Interprete des paroles d'Apollon,
ou de la voix confuse de l'Oracle ; & que par consequent elle peut & doit être comptée parmi les premiers
& les plus anciens des Engastrimythes.

    Les choses changerent sans doute quand [c] l'Oracle
fut plein de riches présens, que les Grecs & les Bar-
bares lui envoyoient : & que ses Ministres pouvoient
dire, ce que Plutarque dit pour eux : Ἡμῖν δὲ λαμ-
πρότερα καὶ κρείτ]ονα καὶ σαφέςερα σημεῖα τύτων ἀναδί-
δωσιν, ὥσπερ ἐξ αὐχμῦ τῆς πρόσθεν ἐρημίας καὶ πενίας,
ἐυπορίαν καὶ λαμπρότητα καὶ τιμὴν πεποιηκώς. *Nobis*
autem Apollo splendidiora, meliora & apertiora his signa
præbuit, ex tanto, qui præcessit squalore, solitudine,

[a] *Æn. V.*
v. 799.

[b] *Georg.*
IV. v.
101.

[c] *Plu-*
tarch. de
Orac.
Pyth. p.
408. *fine.*

O 3

paupe-

pauperie , ad tantas copias , splendorem honoremque nos evehens. Tant que cette ancienne pauvreté les obligea de ménager la dépense, ils donnoient à la seule Pythie plusieurs emplois. Mais quand l'Oracle, devenu plus fameux, & consulté plus souvent, devint par ce moyen plus riche, on ôta à la Pythie l'un des deux emplois qu'elle avoit auparavant ; savoir celui d'Interprete de l'Oracle, en lui laissant seulement celui de Prêtresse. Celui-ci même devint si pénible dans la suite, qu'on eut besoin durant quelque temps de deux ou trois Pythies, ou Prêtresses à la fois, comme Mr. Van Dale [a] nous l'apprend sur le rapport de Plutarque. Outre cela, une raison particuliére contribua sans doute beaucoup à ce changement. C'est que comme les résultats des Oracles étoient communiquez en vers Grecs, selon la coûtume, il se trouva souvent, que ces Prêtresses s'en aquittoient très-mal ; soit parce qu'elles ne savoient pas assez les regles de la Poësie ; soit parce qu'elles étoient negligentes à apprendre par cœur, & à reciter exactement les vers, que quelque autre avoit composez. Cela donna lieu aux Gens d'esprit d'en faire des railleries ; comme Mr. Van Dale [b] l'observe encore fort bien après [c] Plutarque. Pour y remédier, & pour soulager en même temps la Pythie, on choisit parmi les meilleurs Poëtes, quelque homme qui fut propre à mettre en vers, & à prononcer les Réponses de l'Oracle : & dès lors l'emploi d'Engastrimythe, qui d'abord avoit été exercé par les Femmes, devint uniquement propre aux hommes, qui mettoient en vers plus étendus, ce que la Pythie avoit prononcé , soit en vers, soit en prose. C'est ce que Strabon nous apprend dans ce passage ; [d] *Oraculum ipsum ajunt esse cavam profunde specum, aditu non admodum lato : ex ea spiritum efferri furoris Divini efficacem. Supra orifi-*

cium

a *Diss. de Orac. p.* 103.

b *Ibid. p.* 160.
c *De Orac. Carm. non redd. p.* 390.

d *Lib. IX. p.* 419.

cium Tripodem situm SUBLIMEM, *quo* CONSCENSO *Pythia, ubi spiritum exceperit, vel carmine, vel soluta oratione sortes ab ea pronuntiari: porro* POETAS *esse quosdam Fani Administros, qui ea* (quæ Pythia pronuntiaverat) IN VERSUS NUMEROSQUE DISTENDANT. Φασὶ δ' εἶναι τὸ μαντεῖον ἄντρον κοῖλον κατὰ βάθοις, ἐμάλα εὐρύςομον. ἀναφέρεσθαι δ' ἐξ αὐτῶ πνεῦμα ἐνθεσιαςικόν. ὑπέρκεισθαι δὲ τῶ ςομίε τρίποδα ὑψηλὸν, ἐφ' ὃν τὴν Πυθίαν ἀναβαίνεσαν, δεχομένην τὸ πνεῦμα, ἀποθεσπίζειν ἔμμετρά τε καὶ ἄμετρα. ἐντείνειν δ' καὶ ταῦτα εἰς μέτρον Ποιητάς τινας ὑπεργῶντας τῷ ἱερῷ. Plutarque parle aussi des mêmes Poëtes en ces termes : [a] Πολλῶν δ' ἦν ἀκύειν ὅτι ποιητικοί τινες ἄνδρες ἐκδεχόμενοι τὰς φωνὰς, καὶ ὑπολαμβάνοντες ἔτι κάθηνται τοῖς χρησμοῖς ἐκ τε προστυχόντος περιπλέκοντες. *Multos quoque audivisse qui dicerent* POETAS *quosdam etiamnum apud Oraculum desidere, qui* VOCES EXCIPERENT, *iisque subito* VERSUS ET NUMEROS *tanquam vasa quædam circumplicarent.* J'ajouterai encore un passage d'Euripide, qui introduit Jon, fils d'Apollon, & élevé dans le Temple de Delphes, parlant aux Interpretes de l'Oracle, qu'il exhorte à donner de leur propre bouche, une Reponse favorable aux Consulteurs :

[b] Ἀλλ' ὦ Φοίβε Δελφοὶ θέραπες

Τὰς Καςαλίας ἀργυροειδεῖς

Βαίνετε δίνας.   .   .   .

Φήμας τ' ἀγαθὰς τοῖς ἐθέλεσι

Μαντεύεσθε

Γλώσσης ἰδίας ἀποφαίνειν.

a De Pyth. Orac. p. 407. B.

b Euripid. Jone v. 94.

Sed

Sed ô Delphici Phœbi Ministri ad
Castaliæ limpidos
Ite vertices. . . . .
Ominaque læta cupientibus
Oracula consulere
PROPRIA LINGVA exhibentes.

Ces autoritez prouvent assez, ce me semble, qu'outre
les Prêtresses d'Apollon il y avoit autrefois des Poëtes
établis auprès de l'Oracle, pour servir d'Interpretes, &
expliquer en vers plus intelligibles, ce que la Pythie
avoit prononcé dans son agitation; & par consequent,
que ce n'est pas sans raison que je donne à ces Poëtes
le nom d'*Engastrimythe*, au même sens que je l'ai donné ci-dessus à la Pythie.

III. L'HOMME EN MANTEAU.

Ce que je viens de remarquer sur le sujet des Engastrimythes, me fait hazarder maintenant une conjecture, que je n'ai pas osé produire ci-dessus, à un endroit
qui auroit d'ailleurs été bien commode. C'est touchant
l'Homme en Manteau, qui est devant le Trepied, &
à côté de l'Antre d'Apollon. J'ai dit, après Mr. de
Spanheim, que c'étoit le Philosophe Bias, & j'avouë
que je ne rejette pas entiérement cette pensée. Il me
semble néanmoins, qu'on peut croire probablement,
que c'est un Engastrimythe, qui a été représenté en
cet endroit par l'Ouvrier, pour rendre plus complete
la Pompe de l'Oracle, qu'il a eu dessein d'exprimer ici.
Son habit n'y est pas contraire, puis qu'au dire de Strabon & de Plutarque, c'étoient des Poëtes, qui fai-
soient cette fonction; & combien de Poëtes ne voyons-
nous pas dans les Livres des Antiquaires, enveloppez
de

de la même maniére dans leurs manteaux ? Le feul
Ouvrage de Mr. Bellorius, intitulé : ᵃ *Veterum Illuf-*
trium Imagines ex Nummis , Gemmis &c. en fournira
affez d'exemples, pour mettre la chofe hors de doute.
Le papier roulé qu'il tient dans la main droite ne convient pas moins à un Poëte Engaftrimythe, puis qu'ils
étoient chargez d'expliquer l'Oracle en vers, & qu'ils
devoient fans doute les mettre par écrit, avant que de
les donner aux Confulteurs. Sur quoi il eft bon de
faire attention à ce que dit Plutarque dans le paffage
rapporté ᵇ ci-devant, que ces Poëtes P L I O I E N T *leurs*
vers dans la prémiere matiére propre qui fe prefentoit,
(ἐκ τᾶ προστυχόντος περιπλέκοντες).   Il eft vrai que la
bafe, fur laquelle cet Homme repofe, ne femble pas
s'y accorder trop bien , par les raifons, que j'en ai
données ᶜ ci-deffus. Mais on peut repondre , que ce
qu'on prend pour une bafe, eft un bâtiment de pierre,
fait autour de l'embouchure de la caverne; tant pour
fervir de foûtien au Trepied, que pour empêcher que
la violence du vent, qui fortoit de cette caverne, ne
fit quelque dommage à l'ouverture. On peut encore
objecter, que dans cette fuppofition , il y aura deux
Cortines exprimées fur notre Marbre; toutes deux dans
le Deffein propre & direct de l'Ouvrier: au lieu que
dans l'autre fentiment, le Trepied n'y eft qu'en figure,
ou en repréfentation : &, pour dire le vrai, cette objection m'a paru affez forte pour m'ébranler; mais non
pas affez pour me faire rendre. Car l'Ouvrier peut
avoir exprimé l'une des Cortines fous l'Antre pour
fignifier la Difcipline cachée du Temple de Delphes,
qui fe pratiquoit dans la caverne; & l'autre Cortine
fur le Trepied , pour repréfenter les pratiques exte-
rieures de l'Oracle. D'ailleurs, puifque la Cortine, qui
eft fous l'Antre, eft un des caracteres d'Apollon, &

P

que,

a Public.
Roma
1685. fol.

b Pag.
111.

c pag. 31.

que, suivant cette derniére conjecture, le Trepied entier doit être un caractére de l'Engaſtrimythe; pourquoi ne peut-on pas admettre, dans un même Deſſein general, deux caractéres, qui different entre eux autant que le tout de la partie; puiſque dans ce même Deſſein la Lyre ſe trouve trois fois, comme caractére d'Apollon, & des deux Muſes, Clio & Erato: que même celles d'Apollon & de Clio ſont parfaitement ſemblables, & ſans la moindre diverſité qui paroiſſe? Ces conſidérations m'ont paru ſuffiſantes pour reprendre ma conjecture, & préferer le Poëte Engaſtrimythe au Philoſophe Bias, qui n'eſt pas trop neceſſaire ici; au lieu que l'Engaſtrimythe occupe bien cette place, comme une perſonne intereſſée dans les affaires de l'Oracle, & très-convenable pour le ſujet dont il s'agit. Si vous approuvez ma conjecture, je la tiendrai pour bonne & juſte, ſinon il faudra l'abandonner, & s'en tenir au Philoſophe Bias, ou attendre que quelque Savant nous donne quelque choſe de plus certain.

IV. MEDAILLON D'HOMERE.

Je finirois ici ma Lettre, ſi je ne trouvois à propos de vous entretenir encore, en peu de mots, d'un Medaillon Contorniate, ſur lequel on prétend que l'Apotheoſe d'Homere eſt auſſi repréſentée. Ce Medaillon eſt rapporté dans le cinquiéme Tome de la *Deſcription du Cabinet Farnéſe à Parme*, publiée par le P. Pedruſi, l'an 1709. Je n'ai pas encore eu le bonheur de voir le Livre même de ce ſavant Jeſuite; mais les [a] *Acta Eruditorum* de Leipſig, que je viens de lire, m'ont appris cette nouvelle, dans le rapport qu'ils font du cinquiéme Tome de ce Jeſuite. Voici mot à mot, ce que ces Savans de Leipſig diſent ſur ce Medaillon:

Impe-

a *An.* 1713. *Mens. Jul. p.* 295.

Imperatorum Nummis maximi moduli, quidam alii præmittuntur, iique Conturniati, quemadmodum appellantur, ex quibus primus memoriæ HOMERI, *Poëtæ celebratiſſimi quondam, infinitiſque Marmoribus, Signis, Statuis, Nummiſque culti, renovandæ inſervit. Adverſa ejus facies oſtentat* IMAGINEM, *averſa* ΑΠΟΘΕΩΣΙΝ HOMERI, *qua & Marmor, in agro Ferentino inventum, quod Nobiliſſimus Cuperus illuſtravit, ſuperbit. Homerum enim deſignat figurarum altera ſedens, divinitatis cauſa haſtam tenens, cui Victoria porrigit coronam, & Aquila Divinos honores denuntiat; altera velo obducta, quæ cornucopiæ geſtat, Juno eſt; prope quam Mars cinctu militari manum tollit. Inferiorem Nummi partem Neptunus cum Delphino; & Amphitrite ad latus Tauri, junco marino a tergo enato, proſtrata exornat. Hunc Nummum Cl. Pedruſius Argivis deberi credit, proptereaque Junonem adeſſe, editam quippe Argis in lucem, ſummaque ibi ſuperſtitione cultam; quanquam eam & Homeri cauſâ, expeditionem Græcorum adverſus Trojam, Junonis auſpiciis ſuſceptam Iliade deſcribentis, locum hîc tueri poſſe lubens largitur. Quid cæteris figuris, Marte, Victoria, Numinibus Marinis innuatur, ex bellis quæ cecinit Homerus, ex præſtantia Poëmatum ejus, atque ex navigationibus cum totius exercitus Græci, tum Ulyſſis, facile eſt colligere.*

Je n'ai pas eû plûtôt fait la lecture de ce paſſage que je me ſuis ſouvenu, qu'il y a un ſemblable Medaillon dans le Cabinet Royal que j'ai en garde. Le Deſſein exact que j'en donne, fera voir ce qui en eſt:

Ce Medaillon repréſente d'un côté la tête d'Homere ;
& ſur le Revers il y a ſix Figures, deux aſſiſes, deux
debout, & deux couchées à terre. Ce qui tout enſemble ſe remarque auſſi dans celui du P. Pedruſi. Ce
dernier y reconnoît une Victoire, qui s'aproche à l'une
des Figures aſſiſes, & un Aigle ; Il dit que l'autre Figure aſſiſe eſt voilée, & qu'elle tient une corne d'a-
bondance dans la main ; Il remarque proche de celle-ci
le Dieu Mars, qui leve la main en haut ; & au bas du
Medaillon deux Figures couchées, que le P. Pedruſi
prend pour Neptune & l'Amphitrite. Toutes ces Figures, avec les mêmes attitudes ſe trouvent auſſi ſur
notre Medaillon. De ſorte qu'après une reſſemblance
ſi exacte, il n'y a pas à douter, que le Medaillon du
Cabinet Farneſe, ne ſoit le même que le nôtre. Or ſi
c'eſt le même, & qu'il repréſente la Conſecration
d'Homere, comme le P. Pedruſi le veut, j'ai crû ne
pouvoir me diſpenſer, de vous en dire mon ſentiment
dans cette Lettre, dont un Monument de la Conſécration d'Homere fait le ſujet.

Je crois donc que ce Medaillon ne peut être expliqué de l'Apothéoſe d'Homere, &, pour ne rien
deguiſer, je le crois faux tout-à-fait. Il eſt certain
pour le moins, que celui du Cabinet Royal, dont je
viens

viens de donner le Deſſein, eſt de nouvelle fabrique,
& de la main du fameux Jean Cauvin de Padouë. J'en
ai vû moi même les coins dans le Cabinet de Ste. Geneviéve à Paris, parmi beaucoup d'autres de ce Medail-
liſte Padouan, qu'on y garde. Le Savant P. Du Molinet les a fait entrer dans la Deſcription de la Bibliotheque de cette Abbaye, exactement deſſinez & gra-
vez en taille-douce par une main habile. On y trouve
auſſi a le Medaillon dont il s'agit. Dans la Remarque
que ce Savant Pere y a ajoutée, il doute que ce Revers appartienne au Medaillon d'Homere, quoiqu'il
confeſſe d'en ignorer l'explication. Voici ſes paroles:
*Comme je ne ſai, dit-il, ſi ce Revers appartient à ce
Medaillon, & que d'ailleurs j'en ignore l'explication, je
me contenterai de rapporter les Figures, qui y ſont repréſentées. Il y en a ſix; dont la premiére eſt un Jupiter aſſis, tenant en ſa main une pique; la ſeconde eſt
une petite Victoire, qui ſemble venir au devant de lui. La
troiſiéme eſt une Cerès, ou la Déeſſe de l'abondance, accompagnée de ſon type ordinaire. Au milieu on voit le
Dieu Mars, & un Aigle à ſes pieds. Enfin les deux
derniéres figures, qui ſont au bas de la Medaille, qui eſt
coupée en deux, nous font voir les ſymboles de deux differens fleuves; ce ſont deux hommes couchez de leur long,
qui ont proche d'eux, ou les animaux qui habitent le pays
qu'ils arroſent, ou les poiſſons qu'ils renferment dans
leur ſein, & qui les font diſtinguer des autres rivieres.*
On reconnoit par ces paroles que le P. Du Molinet,
& le P. Pedruſi, ne ſont pas de même ſentiment ſur
les figures de ce Revers. Le premier prend la Figure
aſſiſe du côté gauche pour Jupiter, au lieu que le P.
Pedruſi la prend pour Homere conſacré. L'autre figure aſſiſe avec la Corne d'abondance, ſemble à ce dernier Junon, & le P. Du Molinet croit que c'eſt Cerès.

a Deſcript.
de la Bibl.
de Ste.
Genev.
p. 112.

P 3   Les

Les Figures en bas font deux fleuves felon celui-ci ; mais felon le P. Pedrufi c'eft Neptune & l'Amphitrite. Ils font d'accord feulement fur Mars & fur la Victoire, qu'on diftingue aifément par leurs habits, & par leurs actions. Lequel de ces deux Savans qui ait raifon, il n'en eft pas moins conftant, que le Médaillon dont parle le P. Du Molinet eft faux, auffi bien que celui dont j'ai donné le Deffein. Ce qui eft déja un grand préjugé, que le Medaillon du P. Pedrufi, qui reffemble parfaitement aux deux autres, comme nous avons vû, eft forti de la même forge, & ne merite pas plus d'attention.

Voyons cependant fi l'Explication du P. Pedrufi pourroit avoir lieu, en fuppofant que le Medaillon fut authentique. Il ne me le femble pas, comme je l'ai dit. Il n'y a rien dans fon Revers, qui convienne à Homere ; moins encore à fon Apotheofe. La Figure du côté gauche, qui tient la pique, ne convient pas à ce Poëte, non plus qu'à Jupiter, que le P. Du Molinet y reconnoît. Cette figure a tout l'air d'une Femme, comme on le remarque à fon vifage jeune, fans barbe, & à fon fein. Ce qui ne convient ni à Jupiter ni à Homere, principalement au dernier, que l'on voit par tout avec une barbe épaiffe & grande ; & que les anciens Auteurs ont repréfenté tout de même. Que fi quelqu'un s'avifoit de dire, qu'Homere eft repréfenté fans barbe, à caufe de fa Confécration : il feroit bien embarraffé, fi on lui en demandoit quelque preuve. Car bien loin que cette raifon puiffe avoir lieu, la pratique ordinaire des Anciens, dans ces fortes de folemnitez, eft de donner de la barbe à ceux-là même qui n'en avoient pas pendant leur vie. Par exemple, Romulus, qui n'en portoit point étant vivant, eft repréfenté avec une longue barbe après fa confecration,

tion, comme on le voit fur la Medaille Confulaire de *C. Memmius*, publiée par Meffrs Patin & Vaillant, après Urfinus : & fans chercher d'autres exemples, Homere confacré fe trouve fur des Medailles, & fur notre Marbre, avec une barbe confidérable. Cette circonftance toute feule fuffit, pour exclurre Homere & fon Apothéofe du Revers de ce Medaillon. D'ailleurs, l'attitude de l'Aigle, que le P. Pedrufi prend pour le Meffager des Dieux, qui vient annoncer à Homere fa Divinité, ne s'accorde pas à cette fonction, puifqu'elle tourne la tête d'un autre côté, & non pas vers la figure, que le P. Pedrufi prend pour Homere. Enfin la femme avec la corne d'abondance, quoi qu'un peu voilée, ne peut pas pour cela, être Junon, puifqu'elle n'eft accompagnée ni de fon Paon, ni de fon fceptre, qu'elle tient ordinairement dans les anciens Monumens, ni d'aucune autre marque qui la diftingue.

Pour vous decouvrir entiérement ma penfée, je crois que le P. Du Molinet a eu raifon de foupçonner, que ce Revers n'appartient pas à Homere, dont il ne s'y trouve pas un feul indice. Il y a d'autant plus d'apparence à cela, qu'on obferve tous les jours, que les coins des Medailles Padouanes font fouvent changez, & les revers des unes joints aux têtes des autres ; comme ceux qui pratiquent ces chofes ne peuvent pas l'ignorer. Or notre Medaillon étant Padouan, comme je l'ai fait voir, il eft probable qu'on a joint à la tête d'Homere, un Revers qui avoit été fait pour une autre tête : & la chofe vous paroîtra hors de doute, quand vous faurez, que ce même Revers, fe trouve fur un Medaillon authentique, avec la tête de l'Empereur Augufte. Vous n'avez qu'à confulter *Goltzius*, [a] *dans la Vie de ce Prince par Medailles*, pour en être convaincu. Vous le trouverez auffi dans le livre d'*Eneas Vicus*

a *Goltzii Auguft. ex Num. cap. XXX. N°. XI.*

a Cæſar.
Imag. ex
Nummis
in Au-
guſto.
N°. 30.
b Mediob.
Biragi
Num.
Impp.
Rom. pag.
44.

Vicus de Parme, où il décrit a *les Portraits & les Mé-
dailles des douze prémiers Empereurs Romains.* Le
Comte *Mezzabarba* ne l'a pas oublié, non plus, dans
ſon Ouvrage ſur les Medailles Imperiales, où il en fait
mention en ces termes : b DIVUS AUGUSTUS PA-
TER. *Caput Auguſti.* AV. *Figura Militaris ſtans,
dextram elevans inter duas alias, quarum alia ſedens,
ſiniſtrâ cornucopiæ tenens, alia ſtans* (elle eſt aſſiſe dans
le Medaillon, mais d'une maniére, qui a pû aiſément
donner lieu à la mépriſe) *cum haſta pura, Victoria in
medio, Aquila, & Monſtra.*

Après cela il n'y a pas moyen de douter un ſeul moment de la choſe, & de ne pas voir en même temps,
que ce Revers convient bien mieux à Auguſte conſacré, comme le mot DIVUS dans l'Inſcription de la
tête, le marque aſſez; qu'à Homére, pour lequel ce
Revers ſeroit bizarre en toute maniere. La Figure de
Mars qu'on y voit, eſt Auguſte même, repréſenté de
la ſorte en vertu de ſes exploits militaires. On voit
près de lui la Victoire, pour marquer celles qu'il a
remportées ſur ſes ennemis. L'Aigle à ſes pieds, ſymbole ordinaire des Empereurs, & de l'Empire Romain,
marque particulierement la Divinité de ce Prince a-
près ſa mort; car vous ſavez que ſelon l'opinion des
Romains, leurs bons Princes étoient portez dans les
Cieux après leur Conſécration, ſur les aîles de cet Oiſeau. Les deux Femmes aſſiſes aux deux côtez d'Auguſte, repréſenté en Mars, ſont les Genies de l'Italie
& de Rome, où Auguſte avoit retabli la tranquillité &
la paix, qui ſont comme la Mére de l'Abondance & du
Repos. C'eſt la raiſon pourquoi elles ſont repréſentées
aſſiſes, & que l'Italie, qui eſt à la droite, tient une
corne d'abondance. Cette derniére eſt deſignée de la
même maniére, dans les Medailles d'Hadrien & d'Antonin

tonin le Piéux ; comme auffi dans une Medaille Confulaire de la Famille *Mucia*, publiée par de célèbres
a Antiquaires. Dans cette Medaille on voit Rome &
l'Italie debout, & marquées de leurs noms fe donner
la main. Rome y occupe le côté gauche, tout de même que fur notre Medaillon. Elle tient ici une pique
dans la droite, & un bouclier dans la gauche, en vertu de la puiffance que cette Ville s'étoit acquife par fa
bravoure. Au lieu du bouclier, elle a un globe dans
le Medaillon de Goltzius, pour marquer l'Univers
qu'elle fe glorifie d'avoir affujeti, & qu'elle gouverne.
Ce globe eft auffi exprimé dans la Medaille de la Famille *Mucia*, où Rome le foule à fes pieds. C'eft au
fujet de ce globe que je crois pouvoir raporter les paroles d'Ovide, qui me viennent dans l'efprit :

b *Gentibus eft aliis tellus data limite certo.*
　Romanæ fpatium eft Urbis & O R B I S *idem.*

Les reflexions de feu mon c Oncle fur cette Medaille
Confulaire, appuyent mon fentiment. La Victoire
s'approche de Rome, pour donner à connoître le grand
nombre des Victoires gagnées fous Augufte ; & la coûtume, où elle étoit, d'aprendre fouvent de bonnes
nouvelles de fes Armées. Les Figures couchées en
bas, marquent, ce me femble, la paix & la tranquillité établies par mer, & fur les eaux, comme fur la
terre. Le Vieillard pour repréfenter l'Ocean ; car il
reffemble fort bien à celui dont la Statuë fe trouve à
Rome dans le *Viridarium Cefarinorum*, & dont *Lau-
rent Vaccarius* a donné la Gravûre dans fon Livre intitulé : d *Antiquarum Statuarum Urbis Romæ Icones.* On
y remarque le même Gouvernail & le même Monftre,
que fur notre Medaillon, auffi bien que les cornes à

Q　　　　　　　　　la

la tête de l'un & de l'autre. Dans la derniére édition de *Pomponius Mela*, que Mr. Gronovius nous a donnée, on a copié [a] le Deſſein de la Statuë du *Jardin des Ceſarins* : mais à la place des cornes à la tête de l'Ocean, le Graveur a repréſenté deux boules, qui ne ſignifient rien ici : au lieu que les cornes peuvent ſignifier les mouvemens violens des flots de la mer, ſemblables à la rage d'une bête feroce, qui fait du mal avec ſes cornes. C'eſt pour cela, ſans doute que l'Ocean eſt nommé par [b] Euripide Ταυρόκρανος *Tauriceps*, ou *Taurinis cornibus inſignis* :

Πόντον Ωκεάνος οἱ
Ταυρόκρανος ἀγκάλαις
Ἐλίσσων

Pontum OCEANVS
TAVRINIS CORNIBVS *inſtructus cubitis Volvens.*

Mr. le Baron de Spanheïm, en rapportant ce paſſage dans ſon [c] Livre ſur les Medailles, remarque à ce ſujet, qu'Heſiode & Heſychius donnent de ſemblables épithétes à Neptune. Mais il ſe meprend, quand il reconnoît la tête de ce Dieu dans un Marbre ancien qu'il produit : car les cornes qu'on y voit, ne ſont pas celles de Bœuf ou de Taureau, comme l'Illuſtre Auteur le croit, & comme en effet elles devroient être, ſi c'étoit la tête de Neptune ; mais ce ſont des cornes de Bouc ou de Chévre, qu'on voit ſur les têtes des Dieux des Champs & des Forêts dans les anciens Monumens, comme ce Savant Homme [d] l'obſerve lui-même. L'air d'ailleurs de cette tête, ſa bouche tirée & riante, ſa barbe de bouc, & ſon menton chauve & raſé,

[a] *Lib. III. cap. I. p.* 68.

[b] *Oreſt. v.* 1380.

[c] *De Uſu & Pr. N. Diſſ. VII. p.* 369. *ed. Lond.*

[d] *Ibid. p.* 391. *fine.*

rafé, font autant d'indices certains, que c'eft Pan ou un Satyre, auxquels ces caractéres conviennent bien mieux qu'au Dieu de la Mer, dont la Phyfionomie doit être très-differente, comme elle l'eft auffi par tout ailleurs. Pour n'en point douter, on n'a qu'à jetter les yeux fur l'Ocean du *Jardin des Cefarins*, dont je viens de parler, auffi bien que fur la tête de ce Dieu, repréfentée fur une Lampe ancienne, que Mr. Bello-rius publia dans fon Livre [a] *de Lucernis Veterum Sepul-chralibus*. A l'égard de cette derniére tête, Mr. Bel-lorius n'en parle pas dans fon Commentaire; mais feu mon Oncle, qui fit imprimer [b] de nouveau l'Ouvrage de Bellorius, en traduifant le Commentaire de l'Italien en Latin, ne manqua pas d'obferver que c'eft la tête de l'Ocean. Mon Oncle pourtant oublie à fon tour de prendre garde aux cornes de ce Dieu, qui font très-vifibles, & qui en font comme la feule marque decifi-ve. Il parle ailleurs de ces cornes, à un [c] endroit, où il explique la Figure d'un Ocean gravé dans un Jafpe ancien; & où il examine en detail le paffage d'Euripi-de que j'ai rapporté, en corrigeant heureufement quel-ques fautes des Interpretes, qui ont mal traduit les paroles de cet Auteur.

L'autre figure, qu'on voit devant l'Ocean, fur notre Medaillon, eft apparemment le Nil; au moins l'Hip-popotame, qui l'accompagne, me le fait conjecturer. Si c'eft ce fleuve, comme je le juge, il pourroit figni-fier l'acquifition qu'Augufte fit de l'Egypte, dont ce fleuve eft le fymbole. J'ai crû devoir dire en paffant ma penfée fur ce Medaillon d'Augufte, qui, autant que je le puis favoir, n'a pas encore été dechiffré.

C'eft de ce Medaillon d'Augufte, que Cauvin peut avoir pris le Revers dont nous parlons, pour le join-dre avec la tête d'Homere, & pour en faire un Me-

Q 2

daillon

a *Part. III. N*. 35.

b *Berol.* 1702. *fol.*

c *Thef. Brand. Tom. I. p. 75.*

daillon à part. Il y a pourtant plus d'apparence, que cela est arrivé par meprise, comme je l'ai dit; & qu'à ce Revers on a joint par megarde la tête d'Homere, qui n'y a aucun rapport; au lieu de la tête d'Auguste avec l'inscription Divus Augustus Pater, que le même Cauvin avoit aussi faite, comme cela se verifie encore par les coins de ce Medailliste, que le P. Du Molinet a publiez dans la [a] prémiere planche. J'ai parlé du Medaillon d'Auguste, comme d'une Piéce Originale, qui a été imitée par Cauvin, parce que Cauvin a fait plusieurs imitations de même nature. En effet nous voyons les Medailles les plus rares des douze prémiers Empereurs Romains, & de quelques-uns des suivans, contrefaites par ce Faussaire Padouan. Mais comme je sai, que ce Padouan a aussi fait plusieurs Medailles, & même des prémiers Empereurs, qui ne sont fondées que sur le caprice & l'imagination ingenieuse de ce Medailliste, je n'oserois assurer positivement, que le Medaillon d'Auguste, que j'ai supposé veritable, le soit effectivement, n'en ayant jamais vû d'original. Au moins c'est une chose très-probable; au lieu que celui, qui a la tête d'Homere, porte toutes les marques d'une fausseté manifeste: Quoi qu'il en soit, il est sûr que la Consécration de ce Poëte, que le P. Pedrusi a crû y trouver, n'y peut jamais avoir lieu.

Voilà, Monsieur, tout ce qui m'a semblé digne de vous être rapporté sur le beau Monument de l'Apothéose d'Homere représentée sur notre Marbre; & les raisons que j'ai eu de ne pas acquiescer aux Explications qu'on en avoit données auparavant. Outre l'engagement où j'étois entré là-dessus avec vous, dans une de nos derniéres conversations à la Bibliotheque Royale, un motif tout particulier m'a confirmé dans

le

a Cabin.
de S.
Genev. p.
94.

le deſſein de vous écrire cette Lettre. C'eſt l'amitié
que je ſai qui eſt entre Mr. Cuper & vous, qui m'a parû très-favorable, pour apprendre par ce moyen, les veritables ſentimens de cet Illuſtre Savant ſur le ſujet que
j'y traite. Comme c'eſt lui qui a le plus travaillé ſur le
même ſujet, & avec une érudition peu commune; qu'il
eſt d'ailleurs plein de vie, que je lui ſouhaite heureu-
ſe & de longue durée; je ne ſaurois auſſi que reflêchir
particuliérement ſur lui dans une affaire à laquelle il
ne pourra manquer de prendre part. S'il trouve que je
me ſuis trompé, ce qui ne ſeroit pas extraordinaire
dans un ſujet, qui a paru obſcur à tant d'Illuſtres Savans, il me verra tout prêt à profiter de ſes corrections,
s'il veut avoir la bonté de me les communiquer. Mais
ſi d'autre côté, il reconnoit mes raiſonnemens juſtes,
& mes preuves bien fondées, je me flatte auſſi, qu'il
les voudra bien honorer de ſon approbation, qui me
ſeroit un grand préjugé de la bonté de ma cauſe, &
un garant aſſuré de l'acquieſcement general. La mo-
deſtie que tout le monde admire, dans cet Illuſtre Savant, met mon eſprit entiérement en repos de ce côté-
là, & me perſuade même, qu'il ſera auſſi facile de
m'accorder le dernier, ſi cela ſe peut, que je m'aſſure
de ſes maniéres douces & obligeantes, au cas que mon
ſentiment lui deplaiſe, & qu'il y trouve à redire. C'eſt
à quoi je m'attends principalement par votre faveur.
Ayez la bonté d'y donner lieu, & ſoyez perſuadé de
ma reconnoiſſance, auſſi bien que de l'eſtime, avec
laquelle je ſuis,

MONSIEUR,

A Berlin ce 7. de
Juillet 1714.

Vôtre très-humble & très-
obéïſſant Serviteur

J. C. SCHOTT.

Q 3   P. S.

a pag. 8.   P. S.   Ayant promis, ci-deſſus de joindre à la fin de ma Lettre l'Explication du P. Kircher ſur notre Marbre, j'ai crû y devoir ſatisfaire. Ce Jeſuite, après *b Kircheri* avoir parlé aſſez au long dans ſon b *Latium*, de la perſonne d'Homere, de ſa patrie, de ſon grand ſavoir, *Latium* & de l'eſtime qu'on en fit anciennement, juſqu'à lui *p. 83.* bâtir des Temples, & l'honorer d'un culte Divin, explique le Marbre de la maniére ſuivante :

Dividitur hoc Monumentum ἀποθεωτικὸν in tres Ordines, Supremum, Medium & Infimum. In ſupremo ordine vides Jovem Parnaſſo Monti inſidentem, ſceptro una cum Aquila adſiſtente, conſpicuum, quæ auctoritatem, potentiam, & Majeſtatis ſuæ amplitudinem demonſtrant : Is converſâ ad aſſeclas ſuos facie, quaſi pro Apotheoſi Homerica ſupplicantes, audire videtur ; ſunt vero ſex Figuræ, ſive Muſarum, ſive ſub Charitum formis Civitates, quæ cum in numerum Deorum aſſumi poſtulabant ; quarum prima rupi Parnaſſi, Lyra inſignitæ inſiſtens, gravis habitu, dextra manu lateri inſertâ, alterâ veſtimenti ſyrma tenens, Jovem audacter alloquitur, quaſi diceret : quid tibi videtur de magno Homero, & tua, & divina Palladis Virtute imbuto ? Tune illo honore, pro quo ſupplicamus, dignum æſtimas ? Altera vero, profundo reverentiæ & venerationis actu, veluti in terram præcidua, ſubmiſſo vultu, extenſâque in altum manu, idem ſupplicare videtur. Tertia rupi Parnaſſeæ inſidens, faces Jovi exhibet, meritumque Homeri exponit, quo doctrina & ſapientia, divina Poëſeos arte mundum illuſtravit. Quarta, vultu ad Jovem converſo, biniſque digitis ſublevatis, altera manu volumen tenens, à Jove beneficium, velut per modum adjurationis extorquere velle, occulte innuit. Quinta & Sexta, quaſi quid agendum conſultare videntur ; Illa quæ ſedet, libro in manu tento, divinum in Homero Poëſeos ſtudium monſtrat, quo &

divi-

divinos honores à Jove fibi concedi debere, luculenter in-
nuit. Atque hæc eft vera & legitima Gratiarum apud
Jovem de Homero, in Deorum numerum recipiendo,
fupplicatio. Græca vero fub Jovis pedibus incifa epigra-
phe, nil aliud fignificat, nifi Statuarii, five hujus Apo-
theotici Schematis, Inventoris, five Sculptoris nomen &
patriam, prout verba Græca docent:

ΑΡΧΕΛΑΟΣ ΑΠΟΛΛΟΝΙΟΥ ΠΡΙΗΝΕΥΣ ΕΠΟΙΗΣΕ.

id eft:

Archelaus Apollonii
Prieneus fecit.

In fecundo Ordine pariter fex Figuræ continentur, quæ
& ipfæ meritum Homeri *geftibus exprimunt; & prima*
quidem fedens Poëfin innuit, Lyram finiftrâ, plectrum
dextrâ, veluti in actu fonandi conftituta tenet: globum in
menfa tenet, quem fecunda figura manu indicat; & aliud
nihil fignificare videtur, nifi meritum Homeri, *quo*
Poëfi fua Mundi opificium, & omnia quæ in eo funt, di-
vino quodam afflatu defcripta cecinit. Tertia vero figura
rupi ambabus innixa manibus, veluti exftafi quadam
abrepta, & attonita Divinos Homeri *labores contempla-*
ri videtur: Sequuntur jam Quarta & Quinta figura
antro inexiftentes, quarum prior Lyram Orphicam manu
monftrat, dextrâ plectro inftructa; affecla vero Iliadis
volumen monftrat; in quo amores Deorum Dearumque
omnium, qui per Arcum & Pharetram Fafciafque, Cu-
pidinis fymbola recte indicantur, exhibentur. Antrum
vero hoc aut Nympharum, aut Mufarum *habitaculum*
notat, de quo ampliffimè Lucianum, *cæterosque Mytho-*
logos

logos agentes vide. Erat enim proprium Nympharum, Mufarumque *antra inhabitare.*

*Sexto tandem loco, fimulacrum Flaminis abaco infiften-
tis exhibetur; dextrâ volumen tenens, finiftrâ pectus
premit, & converfâ ad Deas facie fententiam definiti-
vam exfpectare videtur, promptumque fe exhibet ad de-
bitorum* Homero *facrificiorum Ægyptio ritu faciendorum
exhibitionem; quæ omnia duæ Faces accenfæ, cum Tau-
tici Characteris figurâ, proprio* Ægyptiorum *in facris
obeundis fymbolo intermedio notant; & eft Crux anfata,
quæ Aris Templisque Niloticis ubique infculpta, nec non
omnibus* Ægyptiorum *Numinum manibus inferta fpecta-
tur, cujus virtutes & proprietates in* Hieroglyphicis
noftris Operibus, OEdipo, Obelifco Pamphilio *&* A-
lexandrino Minervali, *nec non in* Linguæ Coptæ refti-
tutæ Thefauro, *una cum altiffimarum rerum, quas per
eam Hieroglyptæ fignificabant, interpretatione, quam uber-
rimè expofuimus, ad quæ Lectorem remittimus.*

Tertius tandem ordo monftrat Jovis *executivam Apo-
theofeos fententiam, quæ quam belliffimè hic exprimitur.
Et primo quidem, veftibulo Templi Deorum Cortinam
obtenfam vides, quo myfteria humano ingenio inacceffa,
& à folo* Homero *penetrata innuuntur, juxta illud:* procul hinc procul efte profani. *Quæ fane pulchrè per qua-
ternas decenti habitu exornatas Virgines, fub actu ftupo-
ris & admirationis denotantur: unaquæque digito labris
impofito filentium fuadet, quemadmodum olim* Harpocra-
tem *quem & Sigalionem à Silentio dicunt,* Ægyptii *ex-
primere folebant, juxta illud* Ovidii :

Quique premit vocem, digitoque filentia fuadet.

Itaque more Ægyptiorum *Virginem, quæ σοφίαν refert,
digito labris admoto expreffit hujus monumenti auctor,*

ut

ut suaderet, neque de Patria & ortu Homeri, neque de ejus apud homines conversatione, neque de Operibus Deorum afflatu confectis, temere loquendum, utpote quæ omnem humanam superarent æstimationem, atque adeo silentio, quod capere nequeas, supprimendum potius, quam voce explicandum censeas: in quo videlicet, ut infra scriptæ voces notant, Φύσις, Ἀρετὴ, Μνήμη, Πίςις & Σοφία: *id est,* Natura, Virtus, Memoria, Fides & Sapientia *co dotium cumulo Homerum exornarunt, ut* ἀποθέωσιν *merito suo adeptus sit.* Φύσις *quidem, seu Natura sub forma pueri, qui Virginis, digito ori admoto silentium suadentis vestem quasi vellicare videtur, denotat inaccessa Naturæ sacramenta; quæ ea de causa, non nisi sub umbratili fabularum integumento in Operibus suis hymnisque, divinitate confertis descripsit* Homerus, *solo silentio coli & adorari debere. Sunt autem quatuor potissimùm, quibus* Homerus *mundum in admirationem rapuit.* Virtus, Memoria, Fides & Sapientia, *quæ sub forma Charitum adumbrantur. Per Virtutem indicant robur, & vim in ingenio* Homeri *elucescentem, quâ Poëticis suis cantibus, non secus ac* Amphion & Orpheus *saxeos ferocium hominum animos, ad veram vivendi normam reduxit. Memoria adeo excelluit, ut quicquid scripsit, cum cæcus esset, solius memoriæ efficaciâ & vigore dictaverit, & omnium præteritorum Scriptorum monumenta, sola prælectione facta, tenacissimæ mentis amplitudine & capacitate retinuerit, quod merito quidpiam in eo divinum arguit.* Alexandrum Magnum, *tanti* Homerum *fecisse* Plinius *asserit, ut devicto* Dario *Rege* Persarum, *cum inter spolia scrinium nobilissimum, & immensa lapidum pretiosorum copiâ exornatum ipsi fuisset oblatum; mox ut viderit, excussis ex eo pretiosis margaritis, illud librorum* Homeri *custodiæ tradiderit, ut pretiosissimum humani ingenii opus, quam*

R

maxi-

maximè diviti opere scrinii servaretur. Fidem, non humanam tantum, sed & fidem suam in Deum, unicam rerum omnium causam, in hymnis suis professus, quam profundissimè demonstravit; cæteram vero Deorum Dearumque turbam, non nisi Divinarum Virtutum effluxum asseruit, ut proinde eum non immeritò Plinius *fontem ingeniorum, primumque doctrinarum & antiquitatis parentem vocet, ex quarum rerum notitia sophiam seu sapientiam adeptus, Divinarum humanarumque rerum cognitionem adquisivit.*

Sequuntur jam quatuor aliæ Musæ, & sunt ΚΩΜΩΔΙΑ, ΤΡΑΓΩΙΔΙΑ, ΙΣΤΟΡΙΑ; * *&* Comœdiis *quidem humanarum actionum ideas, ut quid fugiendum, quid amplexandum, ante oculos mortalium posuit.* Tragœdiis *autem infelices hominum in sublimi fortunæ vertice constitutorum exitus, ad cautelam exposuit.* Historias *omnium præteritorum temporum ita feliciter attigit, ea facundia descripsit, ut in iis aliquid, humanis rebus altius indigitaverit; unde ei merito ob harum virtutum cumulum divini honoris tituli decreti sint; fueritque* Hecatombes, *id est,* centum boum sacrificio *honoratus, ut bovis figura* Aræ *apposita apprimè docet; thus quoque, & thymiamata, vinumque, quæ omnia per assistentem figuram, simpulum manu dextrâ & læva pateram, seu càtinum thuriferum tenentem, denotantur; quam cerimoniam & actu, manu supra aram extensâ, & digitis thus spargentibus, exercere videtur.*

Sequitur tandem actus ipse Apotheoseos; Vides Homerum *throno insidentem, sceptro flore loti insignito lævâ, dextrâ* Iliadis *volumen tenentem, majestate vultus conspicuum, duobus Geniis throno utrinque adsistentibus, Ægyptiaco vestitu & gestu adornatis, quorum primus*

genu-

* Le P. Kircher oublie par megarde ΠΟΙΗΣΙΣ *la Poësie*, la quatriéme des Muses, dont il veut sans douter parler en cet endroit, & qui suit en effet dans le Marbre.

genuflexus dextrâ enſem, apice in Lunæ *formam arcuato, alterâ ſolii ſpondam amplectitur; per gladium efficacia & robur in perſuadendo, per ſpondas, ſoliditas in ſcribendo deſignatur. Alter Genius in manu flagellum* ὀφιόμορφον, *quaſi in aera vibrat, qua vis & energia in Tyrannorum vitioſorumque hominum flagitiis profligandis ſignatur. Terminatur tandem ultimus actus* ἀποθεώσεος, *per impoſitionem coronæ Laureæ, quam ipſi alii duo Genii ſuperioris ordinis imponunt. Infra vero ponuntur :* ΕΥΜΕΛΙΑ, ΚΙΡΟΝΟΣ, ΙΛΙΑΣ, ΟΔΥΣΣΕΙΑ, ΟΜΗΡΟΣ, ΜΥΘΟΣ. *Per Eumeliam dulcia cantica, & reliqua* Iliadis *&* Odyſſeæ *Opera Homeri, ſub abdito Mythologiæ ratiocinio deſcripta denotant. Quæ pulchrè ſane deſcribit* Silius *l.* 14. *de* Homeri ἀποθεώσει *canens :*

Atque hic *Elyſio* tendentem limine cernens
Numinis effigiem, caſta cui vitta ligabat
Purpurea effuſos per colla nitentia crines.
Dic, ait, hæc quoniam Virgo, cui luce refulget
Præcipua frons ſacra viro, multæque ſequuntur
Mirantes animæ, & læto clamore frequentant.
Qui vultus? quem, ſi Stygia non eſſet in umbra,
Dixiſſem facile eſſe Deum. Non falleris, inquit,
Docta comes Triviæ, meruit Deus eſſe videri;
Et fuit in tanto non parvum pectore numen.
Carmine complexus terram, mare, ſidera, manes,
Et cantu *Muſas*, & *Phœbum* æquavit honore:
Atque hæc cuncta prius quam cerneret ordine terras,
Prodidit, &c. . . .

ADDITION.

MOnsieur *Lenfant*, dont le merite est si connu, ayant souhaité de lire cette Dissertation avant qu'elle fût imprimée; il la renvoya à son Auteur avec une Lettre si obligeante, qu'on auroit eu honte de la publier, si elle n'étoit accompagnée de deux ou trois Remarques, que l'Auteur de la Dissertation adopteroit luimême, & qui, s'il ne se trompe, seront trouvées de très-bon goût.

LETTRE *de Monsieur* LENFANT *à l'Auteur.*

„ J'ai l'honneur, Monsieur, de vous renvoyer votre excellente
„ Dissertation, que j'ai luë avec un singulier plaisir. On y re-
„ connoît par tout votre genie, votre penetration, votre exacti-
„ tude, & votre solidité ordinaires; Je vous felicite de l'applau-
„ dissement qu'elle recevra du Public. Voila quelques petites re-
„ marques, dont vous ferez tel usage que vous jugerez. Je suis
„ parfaitement, Monsieur,

*Votre très-humble & très-
obéissant serviteur*

L E N F A N T.

Page 44.

„ J'ai peine à comprendre pourquoi il y a Μῦθος au bas du Sa-
„ crificateur. Si c'étoit Μυσὴς je n'aurois rien à dire, & peut-être
„ que c'est cela. On pourroit soupçonner aussi qu'en cet endroit
„ le Marbre est defectueux, ou qu'il a été mal dessiné, & qu'il y
„ a une autre Figure qui doit représenter la *Fable*, Μῦθον, qui préce-
„ de *l'Histoire* selon l'ordre.

Page 46.

„ Je prendrois Μνήμη pour la *Memoire* elle-même, qui applau-
„ dit à l'Apotheose d'Homere, pour lui avoir fourni tant de choses
„ admirables. Elle est enveloppée d'un voile, pour se cacher &
„ conserver les choses passées, pour en empêcher la perte.

FIN.